Michael Pauen

Ohne Ich kein Wir

Michael Pauen

Ohne Ich kein Wir

Warum wir Egoisten brauchen

Ullstein

ISBN 978-3-550-08842-1

Lektorat: Hanna Leitgeb, Berlin
Gesetzt aus der Palatino
Satz: Pinkuin Satz und Datentechnik, Berlin
Druck und Bindearbeiten: CPI – Clausen & Bosse, Leck
Printed in Germany

Inhalt

Prolog

Die Welt als Kindergeburtstag

Warum gibt es eigentlich Kindergeburtstage? Warum ruinieren Eltern ihre Nerven, ihre Wohnung und ihren Geldbeutel für solche Feiern? Und warum laden Geburtstagskinder andere Kinder ein, die ihnen den Kuchen, die Gummibärchen und am Ende noch eine Menge Preise wegnehmen? Zugegeben: Manche Kinder machen das nicht, und manche Eltern sind ganz glücklich damit. Aber die Regel ist es nicht. Normalerweise *wollen* Kinder ihren Geburtstag mit anderen feiern, und normalerweise legen sich Eltern mächtig ins Zeug, um die Geburtstage ihrer Kinder so schön und spektakulär wie möglich zu gestalten. Und der Grund dafür? Offenbar ist schon den Kindern das Zusammensein mit anderen so wichtig, dass sie dafür auf so wichtige Dinge wie Kuchen, Gummibärchen und Preise verzichten.

Schon kleine Kinder haben das »Bedürfnis dazuzugehören«. Und das obwohl bei Kindergeburtstagen in der Regel nicht einfach nur eitel Sonnenschein herrscht. Natürlich gibt es meist eine Menge Spaß, aber eben auch Eifersüchteleien, Streit und mehr oder minder große Dramen. Die Kinder ziehen übereinander her, nehmen sich gegenseitig die Spielzeuge weg, sie streiten und sie zanken sich. Und dennoch wäre es die größte Katastrophe überhaupt, wenn man nicht eingeladen wäre oder wenn die Eingeladenen nicht kommen und man alleine dasteht.

Kindergeburtstage zeigen im Kleinen, wie es in der Erwachsenengesellschaft im Großen zugeht. Das gilt für die Auseinandersetzungen und Streitereien ebenso wie für das Bedürfnis, dazuzugehören, mitzumachen und zu helfen – also für die Fähigkeiten, die Kindergeburtstage ebenso wie die Erwachsenengesellschaft zusammenhalten und dafür sorgen, dass es letztlich eben doch viel besser ist, dabei zu sein, als draußen zu stehen.

Dieses merkwürdige Gegeneinander von Anziehungskraft und Auseinanderstreben hat schon den Aufklärungsphilosophen Immanuel Kant beschäftigt, der uns Menschen eine »ungesellige Geselligkeit« bescheinigt: Wir können nicht ohne einander, dazu sind wir zu gesellig. Doch wenn wir mit anderen zusammen sind, gibt es sofort Spannung, Uneinigkeit und Streit – insofern sind wir gleichzeitig ziemlich ungesellig. Kant betrachtet dies übrigens nicht nur als Widerspruch, der uns das Leben schwermacht, sondern auch als Chance. Gesellschaften brauchen das eine wie das andere, die Anziehungskraft *und* die Spannung. Ohne die Anziehungskraft würden wir alle als Eremiten versauern – wenn wir denn überhaupt alleine überleben könnten. Doch auch Spannung und Konkurrenz sind erforderlich, andernfalls würden wir immer auf dem gleichen Fleck verharren, und es gäbe weder Fortschritt noch Verbesserung.

Die negativen Seiten des menschlichen Sozialverhaltens sind bestens bekannt. Schon Arthur Schopenhauer hatte behauptet, es sei »mancher Mensch … im Stande, einen andern totzuschlagen, bloß um mit dessen Fette sich die Stiefel zu schmieren«.[1] Nicht viel besser dachte Sigmund Freud über uns, und er scheint durch einige berühmte sozialpsychologische Experimente bestätigt zu werden, die zum Teil erschreckende Ergebnisse lieferten. So verabreichten Versuchspersonen in den berühmten Experimenten des amerikanischen Psychologen Stanley Milgram bereitwillig lebensgefährliche Elektroschocks, solange man ihnen nur glaubhaft genug versicherte, dies sei im Namen der Wissenschaft notwendig.

Seit einigen Jahren befassen sich auch die Neurowissenschaften mit dem menschlichen Sozialverhalten. Sie haben dabei vor allem die rationalen und emotionalen Fähigkeiten untersucht, die für das Leben in einer Gesellschaft erforderlich sind. Zweifellos zeichnen die dabei gemachten Experimente ebenso wie neuere psychologische Untersuchungen ein optimistischeres Bild als die Milgram-Experimente. Doch anders als dies zuweilen behauptet wird, zeigen auch sie uns keineswegs als Gutmenschen mit einem goldenen Herzen. Vielmehr bestätigen die neueren Forschungen im Großen und Ganzen Kants Idee der »ungeselligen Geselligkeit«: Natürlich *können* wir uns altruistisch verhalten und wir *können* unser Verhalten in einem sehr weitgehenden Maße an eine Gruppe anpassen. Doch genauso haben wir die vielfach erwiesene Fähigkeit, uns grauenhaft danebenzubenehmen und jede vernünftige Form des Zusammenlebens unmöglich zu machen.

Empathischer Egoismus

So richtig überraschend ist das nicht – man muss nur einen flüchtigen Blick in irgendein Geschichtsbuch werfen, um die unrühmlichen Seiten unseres Sozialverhaltens kennenzulernen. Das zentrale Problem hat sich dabei seit Kant wenig verändert: Wie schaffen wir es, die vielfältigen Einzelinteressen der Mitglieder mit den Interessen der Gruppe insgesamt unter einen Hut zu bringen? Wahlkämpfe zeigen besonders deutlich, wie schwierig dies ist: So will beispielsweise jeder einzelne Wähler möglichst wenig Steuern bezahlen. Auf der anderen Seite aber weisen dieselben Wähler dem Staat eine Vielzahl von Aufgaben zu, die er nur erfüllen kann, wenn er mehr Steuern einnehmen würde. Derartige Konflikte zwischen Gemeinschaftsinteressen und individuellen Interessen treten nicht nur in staatlichen Organisationen auf, sie betreffen letztlich jede Gruppe.

Doch wie kann eine Lösung aussehen? Eine naheliegende Antwort lautet, der Einzelne müsse eben der Gemeinschaft und den anderen Bürgern zuliebe verzichten. Ein funktionierendes Gemeinwesen verlange einfach ein gewisses Maß an Altruismus und der bedeute letztlich Verzicht. Ich glaube in der Tat, dass Altruismus eine wichtige und moralisch sehr verdienstvolle Eigenschaft ist, die zum Beispiel in Notsituationen dringend geboten sein kann. Doch wenn es um das Verhältnis von Individuum und Gemeinschaft unter normalen Umständen geht, dann bietet der Altruismus sicher keine Lösung.

Auch hier liefern Kindergeburtstage reiches Anschauungsmaterial: Natürlich enden solche Veranstaltungen in einem Fiasko, wenn die Geburtstagsgäste nicht bereit sind, sich ein wenig aufeinander einzustellen – und sie sind längst nicht immer dazu bereit! Doch es wäre nicht viel gewonnen, wenn die Kompromissbereitschaft zu weit ginge. Ein Spiel, in dem niemand gewinnen will, geht ebenso daneben wie eine Diskussion, in der niemand recht haben möchte. Abgesehen davon ist es meist ein schlechtes Zeichen, wenn eine Gesellschaft dem Eigeninteresse ihrer Mitglieder nicht gerecht wird und daher auf die Hilfsbereitschaft oder den Verzicht Einzelner angewiesen ist. Kinder können gute Miene zum bösen Spiel machen, wenn die desorganisierten Eltern mal wieder vergessen haben, ausreichende Mengen an Kuchen und Gummibärchen herbeizuschaffen. Doch Staatsbürger, die Nachsicht und Mitleid mit ihrer armen Führung zeigen, tragen dazu bei, dass sich an den Mängeln ihres Staates so schnell nichts ändert. Außerdem wird eine auf Mitgefühl angewiesene Staatsführung früher oder später den Respekt ihrer Bürger verspielen – ja, der Staat insgesamt verliert seine Legitimität, wenn er den fundamentalen Belangen seiner Bürger nicht gerecht werden kann.

Aus all diesen Gründen sind Mitleid und Verzicht keine besonders gute Strategie für einen vernünftigen Interessenausgleich. Dies gilt umso mehr, als es eine bessere Alternative gibt, nämlich eine Haltung, die man am besten als »empathischen Egoismus« beschreiben kann. Empathische Egoisten vertreten ihre eigenen Interessen, ihre Meinungen und Ziele, und zwar auch dann, wenn diese den Interessen anderer widersprechen. Gleichwohl sehen empathische Egoisten auch die Interessen, die Wünsche und die Gefühle der anderen. Und sie erkennen, dass sie gut daran tun, deren Belange zu berücksichtigen: Nur dann können sie nämlich damit rechnen, in einer stabilen Gemeinschaft zu leben. Tatsächlich funktioniert der empathische Egoismus nicht zuletzt deshalb, weil die Natur viele unserer Bedürfnisse und Fähigkeiten so ausgerichtet hat, dass sie dem Leben in einer Gruppe entgegenkommen. Es ist also häufig gar nicht nötig, unsere eigenen Bedürfnisse der Gruppe zuliebe zu verleugnen, vielmehr bringen wir dazu von Natur aus gute Voraussetzungen mit.

Auch wenn man die obigen Überlegungen nachvollziehbar findet, mag eine Verteidigung des Egoismus irritierend klingen. Tatsächlich gilt Egoismus allgemein als verwerflich, als schlecht für die Gesellschaft insgesamt wie für unsere Mitmenschen. Kurioserweise heißen wir auf der anderen Seite jedoch viele konkrete egoistische Verhaltensweisen gut. Wir erziehen unsere Kinder dazu, für die eigenen Interessen, Überzeugungen und Bedürfnisse einzustehen, und das mit guten Gründen. Wer sonst sollte die Interessen, Überzeugungen und Bedürfnisse unserer Kinder vertreten?

Das vorliegende Buch setzt an genau diesem Widerspruch an. Es versucht zu zeigen, dass wir nicht nur eine natürliche Neigung zu bestimmten egoistischen Verhaltensweisen haben, sondern dass wir alle davon profitieren – sofern der Egoismus mit der Einsicht verbunden ist, dass wir ein massives Interesse an dem Wohlergehen unserer Mitmenschen haben. Keineswegs werden damit Gier und Selbstsucht verteidigt – ganz im Gegenteil! Zeigen möchte ich, dass man nicht seine eigenen Interessen und Bedürfnisse aufgeben muss, wenn man sich *nicht* gierig und *nicht* selbstsüchtig verhält und andere Menschen nicht über den Tisch zieht – man muss nur einfach sehen, dass man sich selbst schadet, wenn man die berechtigten Interessen anderer verletzt.

Natürlich ist es nicht mit der bloßen Einsicht getan, dass andere berechtigte Interessen haben. Genauso wenig reicht irgendein einsamer Entschluss, von nun an die Interessen anderer zu respektieren. Und natürlich geht es auch in diesem Buch nicht nur um diese allgemeine Behauptung. Der empathische Egoismus funktioniert nicht zuletzt deshalb, weil wir von Natur aus eine Vielfalt rationaler und emotionaler Fähigkeiten besitzen, die es uns ermöglichen, mit anderen zusammenzuleben. Hierzu zählt zum Beispiel das Bedürfnis nach Gemeinschaft, das Vermögen, feste und dauerhafte Bindungen einzugehen, mit anderen zu kooperieren, und schließlich auch die Fähigkeit, die Interessen und Bedürfnisse anderer zu erkennen und sein eigenes Verhalten darauf einzustellen. Andernfalls würde es uns schwerfallen, den Konflikt zwischen individuellen Interessen und Gemeinschaftsinteressen durch einen empathischen Egoismus zu entschärfen. Neurowissenschaften und Psychologie können uns mittlerweile eine Menge darüber sagen, wie diese Fähigkeiten entstehen und welche psychologischen Mechanismen ihnen zugrunde liegen. Ob wir von ihnen Gebrauch machen oder nicht, hängt allerdings nicht nur von unserem Willen ab – auch die gesellschaftlichen Strukturen müssen dem entgegenkommen. Und bei der Einrichtung solcher Strukturen helfen wiederum wissenschaftliche Erkenntnisse darüber, wie Gemeinschaften funktionieren.

Soweit sich dies heute übersehen lässt, ist hier zudem ein dauerhafter Lernprozess erforderlich, der sowohl die einzelnen Individuen betrifft wie die Gesellschaft als Ganzes. Auf die Dauer hilft dieser Prozess uns dabei, unsere unterschiedlichen Interessen besser miteinander in Übereinstimmung zu bringen. Eine etwas optimistische Annahme? Kaum! Gestützt wird sie nämlich durch psychologische Experimente, die zeigen, dass unsere Bereitschaft, die Interessen anderer zu berücksichtigen, entscheidend von der Bereitschaft anderer abhängt, dies ebenfalls zu tun. Und diese Bereitschaft hat sich offenbar fortentwickelt. In der Geschichte hat sich dieser Prozess wohl über viele Generationen erstreckt, und er ist vielfach beschrieben worden. Dabei ist eine ganze Reihe von ziemlich klaren Indizien dafür gefunden worden, dass wir mittlerweile zu besseren Formen des Interessenausgleichs gefunden haben. Sie ergeben sich zum Beispiel aus dem massiven Rückgang gewaltsamer Formen der Konfliktbewältigung, wie er etwa von Norbert Elias in seinem Buch über den »Prozess der Zivilisation« oder kürzlich von Steven Pinker in seinem Buch über »Gewalt« beschrieben worden ist.

Dieser Lernprozess dürfte noch an Bedeutung gewonnen haben angesichts der starken Individualisierungstendenzen, die in westlich geprägten Gesellschaften seit geraumer Zeit zu beobachten sind. Es erscheint uns heute als selbstverständlich, dass jeder Einzelne weitgehend frei über seine Ausbildung, über Beruf, Wohnort und Partnerschaft entscheiden kann. Doch diese Spielräume sind eine ziemlich neue Errungenschaft. Noch vor wenigen Generationen gab es hier wenig zu entscheiden. Die maßgeblichen Weichenstellungen des individuellen Lebensverlaufs hingen ab von Sitten, sozialen Zwängen sowie Herkunft, Geschlecht und dem sozialen Status der Eltern: Dies galt für die Berufs- und Partnerwahl ebenso wie für andere wichtige Stationen des individuellen Lebenswegs.

Mit den Entscheidungen wurde einem auch ein Großteil der Verantwortung abgenommen: Wenn nichts zu entscheiden war, brauchte man sich nicht mit der Berufswahl abzuquälen. Wenn es keine Wahl gab, konnte man auch nicht viel falsch machen. Außerdem waren die tradierten Sitten und Konventionen in der Regel um eine Art Ausgleich von Rechten und Pflichten bemüht: Wer Macht erhielt, ging damit normalerweise gewisse Verpflichtungen gegenüber seinen Untergebenen ein.

In den heutigen individualisierten Gesellschaften haben viele dieser Konventionen und die mit ihnen einhergehenden Verpflichtungen rapide an Bedeutung verloren. Häufig ist das ganz gut so – schließlich ist damit ein bemerkenswerter Gewinn an individueller Freiheit verbunden. Doch auch die Verantwortung für diese Entscheidungen und ihre Konsequenzen ist weitgehend von der Gesellschaft auf die einzelnen Individuen übergegangen. Wie aber sollen die ihrer Selbstverantwortung gerecht werden und vernünftige Entscheidungen treffen, wenn sie dabei nicht die eigenen Interessen im Blick haben? Wer kennt die Bedürfnisse einer Person besser als diese selbst und wer sollte besser imstande sein, diese Interessen auch zu vertreten? Eine gewisse Form von Egoismus ist hier also unvermeidlich. Genauso notwendig ist allerdings auch die Bereitschaft, am Ende den Ausgleich mit den Interessen anderer zu suchen. Die gerade skizzierten Ergebnisse des »Prozesses der Zivilisation« sprechen dafür, dass wir zwar langsam, aber stetig zu besseren Formen der Konfliktvermittlung gefunden haben.

Die Individualisierung führt jedoch nicht nur zu einer erheblichen Ausweitung von Freiheitsspielräumen, sondern auch zu einer Zunahme von Entscheidungsdruck und Unsicherheit: Unklar ist nicht nur, wie wir selbst uns entscheiden *sollen,* unklar ist auch, wie andere sich entscheiden *werden*. Und diese Unvorhersehbarkeit des Verhaltens anderer hat wiederum gravierende Konsequenzen für unsere eigenen Entscheidungen – schließlich hängen wir trotz aller Individualisierung in vielfacher Hinsicht von den Entscheidungen anderer ab. Doch so überraschend diese Entscheidungen und das damit verbundene Verhalten auch erscheinen mögen – in Wirklichkeit folgen sie oft genug bestimmten Regeln und Prinzipien, selbst wenn die tradierten Konventionen längst überwunden sind. Und über diese Regeln und Prinzipien, die unser Zusammenleben bestimmen, geben die Experimente von Sozialpsychologen und Neurowissenschaftlern Auskunft. Sie vertiefen damit nicht nur das Verständnis unseres Sozialverhaltens. Vielmehr können sie auch uns selbst helfen, besser mit unseren eigenen Freiheiten wie mit den Freiheiten anderer umzugehen.

In diesem Buch möchte ich zeigen, wie neue, zum Teil überraschende Erkenntnisse der sozialen Hirnforschung und der Psychologie ein besseres Verständnis unseres Sozialverhaltens möglich machen.

Ich werde dazu im ersten Teil dieses Buches auf unsere sozialen Fähigkeiten eingehen. Hierzu gehören kognitive Fähigkeiten wie das Vermögen, die Wünsche, Überzeugungen oder Gedanken anderer zu erkennen, hierzu gehören aber auch emotionale Fähigkeiten, das Vermögen, dauerhafte Bindungen einzugehen und Mitgefühl mit anderen Personen zu zeigen. Interessanterweise wirken viele dieser Fähigkeiten unbewusst und halbwegs automatisch, ja es fällt uns manchmal schwer, sie überhaupt zu steuern.

Im zweiten Teil des Buches wird es dann darum gehen, wie diese sozialen Fähigkeiten das Verhalten von Gruppen bestimmen und wie die Mitglieder von Gruppen ihr Verhalten miteinander koordinieren. Es wird sich herausstellen, dass auch diese Koordination häufig unbewusst abläuft und dass sie manchmal zu sehr unerwarteten, ja zu ziemlich bedenklichen Ergebnissen führt. So können uns die anderen Mitglieder unserer Gruppe dazu veranlassen, Konflikte vom Zaun zu brechen, spektakuläre Fehler zu machen oder gegen unsere eigenen moralischen Prinzipien zu verstoßen. Gruppen haben gelegentlich einen geradezu beängstigenden Einfluss auf unser Verhalten. Und dieser Einfluss wird vor allem dann wirksam, wenn die Bindungen innerhalb einer Gruppe eng und die Unterschiede zwischen den Mitgliedern gering sind. Umgekehrt entwickeln Gruppen bemerkenswerte Fähigkeiten, wenn die Unterschiede zwischen ihren Mitgliedern groß und die Abhängigkeiten zwischen ihnen gering sind. Wenn es auch unter diesen Bedingungen noch eine gewisse Form von Koordination gibt, dann kann die Gruppe als Ganzes zu Erkenntnissen gelangen, die das Vermögen aller einzelnen Mitglieder bei weitem übersteigen.

Dies wirft die Frage nach dem Verhältnis von Individuum und Gruppe auf, das im dritten Teil dieses Buches zur Sprache kommen soll. Traditionelle Gesellschaften fordern hier im Allgemeinen eine Unterordnung des Individuums unter die Gruppe, und auch wir neigen noch dazu, Verzicht und Altruismus als besonders lobenswerte Eigenschaften zu betrachten. Wie oben bereits angedeutet, werde ich jedoch gegen diese Auffassung argumentieren und zu zeigen versuchen, dass ein empathischer Egoismus nicht nur unseren natürlichen Anlagen entspricht, sondern im Allgemeinen vorteilhafter für das Leben in einer Gruppe ist. Egoistisch ist diese Haltung deshalb, weil sie zunächst versucht, die eigenen Interessen wahrzunehmen.

Empathisch ist sie, weil sie auch die Interessen anderer berücksichtigt und dabei insbesondere erkennt, dass die eigenen Interessen in vielfältiger Weise von denen der anderen und vor allem von denen der Gruppe abhängig sind.

Es geht mir hier also keinesfalls um eine generelle Verteidigung selbstsüchtiger Verhaltensweisen – noch weniger darum, eine Lanze zu brechen für einige der grauenhaften Erscheinungsformen dieser Charaktereigenschaft, wie sie gerade im Wirtschaftsleben der letzten Jahre eine empörende Rolle gespielt haben. Vielmehr geht es mir um die Einsicht, dass Gesellschaften, egal, wie groß oder klein sie sind, beides brauchen: das Bestehen auf dem Eigeninteresse genauso wie die Bereitschaft, Anteil zu nehmen an den Problemen anderer – den Egoismus ebenso wie die Empathie.

Gestützt wird diese These durch eine Vielzahl neuer Untersuchungen. Sie können im Einzelnen demonstrieren, was es heißt, ein empathischer Egoist zu sein, was die Grenzen und was die unausgeschöpften Möglichkeiten unserer sozialen Fähigkeiten sind. Diese Untersuchungen ermöglichen uns ein besseres Verständnis davon, wie wir Menschen ticken. Und davon dürften wir selbst ebenso profitieren wie die Gemeinschaften, in denen wir leben.

TEIL I

Soziale Fähigkeiten

Warum sollten ausgerechnet die Neurowissenschaften uns entscheidende Erkenntnisse über unsere sozialen Fähigkeiten vermitteln? Gut – die Bilder von Vorgängen im menschlichen Gehirn schaut sich jeder gerne an. Aber eigentlich entscheidend ist doch, was wir *tun* – und nicht, was derweil im Gehirn passiert. Ob ich jemanden als sozial oder unsozial, als selbstsüchtig oder mitfühlend und verständnisvoll betrachte, hängt einzig und allein von dessen *Verhalten* ab – also davon, was er *macht*. Was derweil in seinem Gehirn passiert, *kann* und *muss* ich nicht wissen. Ich käme niemals auf den Gedanken, das selbstsüchtige Verhalten eines sozialen Grobmotorikers gnädiger zu beurteilen, nur weil mir jemand glaubhaft versichert, in dessen Gehirn würde genau dasselbe passieren wie bei einem höchst einfühlsamen Menschenfreund.

Tatsächlich sind Psychologie und Sozialwissenschaften für die Erklärung unseres Verhaltens von großer Bedeutung, und ebenso sicher ist es, dass Verhaltensexperimente oft nicht wichtig genug genommen werden, während die Erkenntnisse der Hirnforschung nach wie vor häufig überschätzt werden. Das mag daran liegen, dass sich die schönen bunten Bilder von Hirnaktivitäten so gut in Zeitungen und Fernsehberichten machen. Daneben hat man es aber wohl auch mit der Vorstellung zu tun, die Hirnforschung könne geistige Prozesse objektiv, mit naturwissenschaftlichen Methoden messen, während die Psychologie letztlich auf subjektive Beobachtungen und Einschätzungen angewiesen sei.

Diese Annahme ist jedoch vollkommen verfehlt. Wir selbst haben einen ganz guten Zugang zu unseren Gedanken und Gefühlen. Psychologie und Soziologie können direkt davon profitieren – sie müssen uns nur fragen. Oft geht es auch nur darum, festzustellen, wie Menschen sich unter bestimmten Umständen verhalten: ob sie lügen oder ehrlich sind, ob sie sich an Regeln halten oder ob sie ihre sozialen Beziehungen pflegen. Das können Psychologie und Soziologie über Experimente ziemlich problemlos erfassen.

Im Gegensatz dazu muss sich die Neurobiologie mit sehr indirekten Methoden zufriedengeben. Die bekannten Bilder des menschlichen Gehirns stellen nicht etwa direkte Aufnahmen der Aktivität von Nervenzellen dar; noch viel weniger sieht man hier den Versuchspersonen beim Denken zu – wie es zuweilen behauptet wird. Vielmehr handelt es sich um die optische Aufbereitung von recht komplexen Statistiken. Grob vereinfacht: Was wir sehen, sind bunt dargestellte Zahlen. Und diese Zahlen geben nicht etwa unmittelbar an, wo Nervenzellen arbeiten, sondern sie erfassen recht geringfügige Unterschiede im Sauerstoffgehalt des Blutes, Unterschiede im Bereich von wenigen Prozent. Und auch die werden nicht direkt gemessen, sondern indirekt über die magnetischen Eigenschaften des Blutes, die je nach Sauerstoffgehalt variieren. Erst in einem weiteren Schritt kann man aus dem Sauerstoffgehalt des Blutes in einem bestimmten Areal Rückschlüsse auf die Aktivität der umliegenden Nervenzellen ziehen. Nervenzellen benötigen nämlich Sauerstoff, um zu arbeiten; der Blutkreislauf muss daher in den betreffenden Arealen mehr davon bereitstellen. Und diesen zusätzlichen Sauerstoff in der Nähe von aktiven Nervenzellen, den kann man eben indirekt messen.

Ziemlich kompliziert – oder? Von einem direkten Einblick in das menschliche Denken oder gar von einer unmittelbaren Beobachtung geistiger Prozesse kann daher keine Rede sein. Dennoch liefert die Hirnforschung, wie wir sehen werden, wichtige Erkenntnisse über die neuronalen Prozesse, die unseren Gedanken, Wahrnehmungen und Gefühlen zugrunde liegen. Und die Verfahren, die dabei benutzt werden, sind viel besser als alles, was früheren Generationen von Forschern zur Verfügung gestanden hat.

Wenn wir also wissen wollen, ob Menschen unter bestimmten Bedingungen sozial oder nicht sozial agieren, ob sie einigermaßen fair teilen oder nicht, ob sie täuschen oder ehrlich sind – in all diesen Fällen sollte man zunächst einfach ein Verhaltensexperiment machen. Solche Versuche haben allerdings einen Nachteil: Sie sagen uns im Allgemeinen nur, *was* Menschen tun und *wie* sie sich unter bestimmten Bedingungen verhalten, doch sie sagen wenig darüber, *warum* das so ist. Hier kommt die Neurobiologie zum Zuge. Was passiert im Gehirn, wenn wir uns fair oder unfair verhalten; wie lässt es sich erklären, dass wir manchmal täuschen und unter anderen Bedingungen ehrlich sind? Manchmal wollen wir etwas über die *Ursachen* dieses Verhaltens wissen, etwas über die zugrundeliegenden neuronalen Mechanismen. Dabei geht es nicht bloß um die Befriedigung einer bestimmten Neugier, die immer im Spiel ist, wenn wir Wissenschaft betreiben. Entscheidend ist vielmehr, dass ein besseres Verständnis der zugrundeliegenden Mechanismen auch unsere Chancen verbessert, etwas gegen Störungen und Erkrankungen zu unternehmen. Ganz ähnlich ist es, wenn wir die Entwicklung von geistigen Fähigkeiten in der Kindheit oder den Verfall dieser Fähigkeiten im hohen Alter betrachten: Auch hier kann ein besseres Verständnis der neuronalen Prozesse uns wichtige

Hinweise liefern, wie wir die Entwicklung verbessern oder dem Verfall Einhalt gebieten können.

Der Rückgriff auf die Hirnforschung ist schließlich auch dann von Bedeutung, wenn Verhaltensexperimente unterschiedliche Interpretationen zulassen. So haben beispielsweise Experimente des amerikanischen Sozialpsychologen Solomon Asch gezeigt, dass Menschen sich schon bei ganz simplen Aufgaben massiv vom Urteil anderer beeinflussen lassen – zum Beispiel, wenn sie nur ein paar Linien vergleichen sollen. Solange die Versuchspersonen alleine urteilten, hatten sie dabei nicht die geringsten Schwierigkeiten; standen sie aber unter dem Einfluss anderer, dann begingen sie oft gravierende Fehler. Warum ist das so? Ist es bereits die einfache *Wahrnehmung* der Länge, bei der der Fehler entsteht, oder ist es erst das *Urteil* über diese Länge, das die Täuschung verursacht? Es ist schwer, diesen Sachverhalt in Verhaltensexperimenten zu klären, hier sind wir auf die Hirnforschung angewiesen. Untersuchungen der zugrundeliegenden Hirnaktivitäten können Aufschluss darüber geben, wo der Fehler liegt. Tatsächlich hat es mittlerweile derartige Untersuchungen gegeben. Sie sprechen überraschenderweise dafür, dass schon die bloße *Wahrnehmung* vom Urteil anderer beeinflusst wird.[2]

Von Bedeutung sind die Erkenntnisse der Hirnforschung auch bei der Klärung der Frage, ob soziale Fähigkeiten eher anerzogen sind oder ob Menschen von Natur aus zumindest die wesentlichen Anlagen für ein halbwegs funktionierendes Sozialverhalten mitbringen. Muss man uns also – so wie es Freud und Schopenhauer behauptet hatten – mehr oder minder gegen unsere Natur zwingen, uns halbwegs sozial zu verhalten, oder besitzen wir von Hause aus die Fähigkeit, friedlich mit unseren Mitmenschen zurechtzukommen? Wenn sich herausfinden lässt, ob die neuronalen Mechanismen, die unserem Sozialverhalten zugrunde liegen, durch Erziehungsprozesse oder andere soziale Faktoren beeinflusst werden können, kann man einer Beantwortung dieser Frage zumindest näher kommen. Ich werde im Folgenden noch darlegen, wie man sich dies genauer vorstellen kann.

Halten wir vorerst fest, dass es einige gute Gründe gibt, zunächst auf das Verhalten und die entsprechenden Experimente zu achten, wenn wir etwas über unsere sozialen Fähigkeiten wissen wollen. Die Hirnforschung liefert uns dann aber wichtige Zusatzinformationen, etwa wenn wir besser verstehen wollen, was bei unseren sozialen Aktivitäten im Gehirn passiert. Auf diese Weise können wir Störungen besser verstehen und bekämpfen, wir gewinnen zusätzliche Möglichkeiten bei der Förderung der Entwicklung dieser Fähigkeiten, und schließlich können wir Informationen darüber bekommen, ob unsere sozialen Fähigkeiten anerzogen sind oder ob wir sie sozusagen von Natur aus besitzen.

Ich werde zu zeigen versuchen, dass wir diese Fähigkeiten in der Tat von Natur aus besitzen. Dies heißt jedoch nicht, dass Kultur und Erziehung keine Rolle spielen würden. Entscheidend ist, dass unsere sozialen Fähigkeiten vergleichsweise flexibel sind, so dass ein breiter Spielraum für den Einfluss von Kultur und Erziehung bleibt. Zudem zeigt ein näherer Blick auf die Entstehung unserer sozialen Fähigkeiten in der frühen Kindheit, dass nicht allein bewusste und vernünftige Überlegungen dabei eine Rolle spielen. Gerade am Beginn unserer Entwicklung kommt vielmehr ein ganzes Bündel von Fähigkeiten ins Spiel, die häufig automatisch und unbewusst funktionieren – und gerade damit die Grundlage unseres Sozialverhaltens bilden. Erst später werden wir uns vieler Zusammenhänge bewusst und beginnen zu verstehen, was zuvor schon praktisch ohne unser Zutun funktionierte.

In den darauffolgenden Kapiteln werde ich darlegen, dass eine starke Orientierung an den Interessen und Normen einer Gruppe eine Reihe negativer Konsequenzen haben kann, während eine bestimmte Form von egoistischem Verhalten für die Gruppe wie auch für den Einzelnen positive Folgen besitzt. Doch dazu später. Zunächst geht es nur um diejenigen Fähigkeiten, die es uns ermöglichen, in einer Gruppe zu leben.

Was ist so besonders an unseren Augen?

Um unsere sozialen Fähigkeiten zu erkennen, muss man nicht gleich das Gehirn untersuchen. Manchmal reicht es schon, einfach nur ein wenig genauer hinzuschauen, um zu erkennen, wie die Natur uns auf das Leben in einer Gemeinschaft vorbereitet hat. Vieles davon erscheint uns so selbstverständlich, dass wir es im Alltag einfach übersehen. Ein gutes Beispiel liefert das menschliche Auge. Haben Sie schon einmal darüber nachgedacht, warum der menschliche Augapfel anders als der praktisch sämtlicher Tiere weiß ist? Und warum bildet er einen so großen Kontrast zur Iris, die ja dunkel ist? Bei Tieren ist dieser Kontrast viel geringer; Iris und Augenhintergrund sind meistens gleichermaßen dunkel.[3] Und dies hat seinen Sinn: Tiere können ihre Feinde und Opfer besser überraschen, wenn sie diesen ihre Blickrichtung verbergen. Eine Antilope hat eine größere Chance, einem Löwen zu entkommen, wenn sie nicht durch ihren Blick verrät, in welche Richtung sie flüchten will. Menschen hingegen lassen ihre Blickrichtung durch den Kontrast zwischen Augapfel und Iris klar erkennen. Verstärkt wird dieser Effekt noch dadurch, dass der sichtbare Teil des menschlichen Auges vergleichsweise groß ist – beispielsweise dreimal so groß wie bei Orang-Utans.[4]

Warum ist das so? Offenbar ist es wichtig, dass unsere Mitmenschen ohne größere Probleme mitbekommen können, wohin wir blicken. Die Vorteile wiegen die größeren Risiken in Gefahrensituationen auf. Tatsächlich gehören Menschen zu den wenigen Lebewesen, die an der Augenstellung und nicht einfach nur an der – wesentlich einfacher wahrzunehmenden – Stellung des Kopfes erkennen können, wohin ihre Artgenossen blicken. Und dabei hilft ihnen der starke Kontrast zwischen Iris und Augapfel. Blick und Blickrichtung spielen in unseren sozialen Beziehungen eine bedeutende Rolle. Für Affen hingegen scheinen sie nicht so wichtig zu sein. Bei ihnen fehlt dieser Kontrast, und sie meinen auch, dass jemand dorthin blickt, wohin sein Kopf gewendet ist – auch wenn seine Augen in eine andere Richtung zeigen.[5]

Tatsächlich reagieren schon Babys besonders aufmerksam, wenn man sie direkt anblickt – allerdings nur so lange, wie die Augen den üblichen Kontrast zwischen dunkler Iris und hellem Augapfel zeigen. Auch hier ist längst nicht nur Neugier im Spiel, vielmehr geht es um soziale Interaktion. Wichtig ist der Blickkontakt zum Beispiel, wenn zwei Personen zusammen an einem Objekt arbeiten. Damit das wirklich klappt, müssen nicht nur beide das Objekt im Blick haben, sondern auch ihren Partner. Nur so kann man abschätzen, ob der andere noch bei der Sache ist, was er vorhat und wo man selbst am besten eingreift. Die Blickrichtung des Kooperationspartners verrät, wohin er seine Aufmerksamkeit richtet, und sie zeigt, ob er tatsächlich auch einen selbst im Blick hat, also wirklich mit einem kooperiert.

Eine ganz ähnliche Rolle spielen Augen und Blickkontakt, wenn Menschen voneinander lernen. Natürlich sind auch Tiere in der Lage zu lernen. Erwachsene Erdmännchen bringen ihren Jungen zum Beispiel die Jagd auf Skorpione bei, und sie stellen sich dabei sogar darauf ein, was ihre Jungen bereits können. Abhängig davon nehmen sie für den »Unterricht« nämlich tote, teilweise bewegungsunfähige oder unversehrte Skorpione.[6] Ein ähnliches Verhalten kann man bei Ottern, Tigern, Geparden oder Katzen beobachten: Katzen beginnen zunächst damit, die Beute direkt vor ihren Jungen zu verzehren, auf der nächsten Stufe setzen sie den Jungen die noch lebende Beute vor, mit der diese »spielen« können, schließlich begnügen sie sich damit, ihre Jungen auf die Beute aufmerksam zu machen, überlassen ihnen aber die Jagd selbst, ohne weiter einzugreifen.[7] Offensichtlich erreichen sie damit ihren Zweck: Junge Katzen, die auf diese Weise von ihren Müttern trainiert wurden, waren viel erfolgreicher bei der Jagd nach Mäusen als Katzen, die auf sich selbst gestellt waren.[8] Die Lehr-Fähigkeiten von Affen reichen noch wesentlich weiter. Sie sind sogar in der Lage, ihren Jungen die Verwendung einfacher Zeichen beizubringen, sie bei der Abgabe von Alarmrufen zu unterstützen[9] oder sie im Gebrauch einfacher Werkzeuge zu unterrichten.[10]

Dennoch unterscheiden sich Tiere und Menschen ganz erheblich dabei, *wie* sie einander etwas beizubringen versuchen. Tiere beschränken sich in der Regel darauf, den Vollzug der fraglichen Fähigkeit zu erleichtern – etwa, indem sie die Beute bewegungsunfähig machen.[11] Menschen tun eine ganze Menge mehr. Sie erklären, worum es geht, verständigen sich über die Aufgabe und korrigieren einander, wenn etwas nicht richtig geklappt hat. Eine solche Art von Anleitung macht das Lernen nicht nur schneller, vielmehr hilft sie uns auch dabei, das Erlernte auf andere Situationen zu übertragen. Wer Klavierspielen lernt, der vermag nachher nicht nur die Stücke zu spielen, die in der Klavierschule gelehrt werden. Vielmehr erwirbt er eine allgemeine Fähigkeit, die er auf andere Stücke anwenden kann.

Wie kommen wir zu solchen Fähigkeiten? Natürlich kann jeder für sich alleine versuchen, die erforderlichen Beobachtungen zu machen und daraus die richtigen Schlüsse zu ziehen. Das wäre ein sehr aufwendiges und fehleranfälliges Verfahren – und eine große Verschwendung dazu. Denn jeder würde die mühsam erworbenen Einsichten für sich behalten und irgendwann einmal wieder mit sich ins Grab nehmen. Keine besonders gute Idee – oder? Wesentlich besser ist es, wenn man sein Wissen austauscht und weitergibt. Das reduziert nicht nur den Aufwand, sondern senkt auch die Zahl der Fehler; schließlich können wir einander kritisieren und kontrollieren. Lernen ist praktisch immer soziales Lernen, und diese Fähigkeit zur Weitergabe und zum Sammeln von Wissen dürfte zu den entscheidenden Vorteilen von menschlichen Gruppen zählen. Der Austausch muss dabei nicht auf Worte beschränkt sein. In vielen Fällen ist eine kurze Demonstration wesentlich besser: Wenn man wissen will, wie eine Getränkedose geöffnet wird, dann lässt man sich dies am besten kurz zeigen.

Doch wie wissen wir überhaupt, dass uns jemand etwas vermitteln oder zeigen will? Anders gefragt: Wie kann die »Lehrerin« ihrem »Schüler« verständlich machen, dass sie nicht nur eine Getränkedose öffnen will, sondern ihm beibringen will, wie man das macht? Die beiden ungarischen Psychologen Gergely Csibra und György Gergely haben nachgewiesen, dass es hier so eine Art von natürlichen Signalen gibt, die wir ganz unwillkürlich gebrauchen und verstehen. Es muss uns also niemand beibringen, was diese Zeichen bedeuten und wie sie einzusetzen sind, ja wir müssen noch nicht einmal bewusst erkennen, *dass* es sich hier um Zeichen handelt, die diese Bedeutung besitzen.

Das wichtigste der demonstrativen Signale, die dabei ausgetauscht werden, haben wir oben bereits kennengelernt: Es ist der direkte Blickkontakt. Er ist besonders gut geeignet, weil Kinder schon sehr früh für ihn empfänglich sind und ihn bereits im Alter von gerade einmal vier Monaten als Signal erkennen. Wie nur können Kinder in diesem Alter überhaupt etwas lernen, schließlich vermögen sie ja noch nicht einmal zu sprechen? Und woher wissen sie, worauf wir uns beziehen, wenn wir ihnen etwas beizubringen versuchen? Entscheidend ist, dass bereits so kleine Kinder Zeigegesten verstehen. Sie wissen also, was wir meinen, wenn wir mit dem Finger auf ein bestimmtes Objekt weisen. Außerdem können sie unserem Blick folgen und erkennen, welches Objekt wir anschauen.

Das ist übrigens generell eine sinnvolle Fähigkeit, weil wir damit wieder von den Erfahrungen anderer profitieren können: Wenn wir dem Blick anderer folgen, dann vermögen wir zu erkennen, was andere für wichtig halten. So gehen zum Beispiel bereits acht Monate alte Kinder davon aus, dass ein Erwachsener, der hinter eines von zwei Hindernissen schaut, dort ein Objekt entdeckt hat.

Schon sehr kleine Kinder vollziehen also nach, wohin jemand schaut und warum er dies tut. Damit allein haben sie allerdings noch nicht viel gelernt – offenbar beobachten sie einfach und lassen dabei ihren Blick durch den einer anderen Person lenken. Tatsächlich reichen jedoch die Konsequenzen des direkten Blickkontakts wesentlich weiter – und genau hier wird es entscheidend für die Frage, wie soziale Lernprozesse funktionieren: Der Blickkontakt führt nämlich nicht nur dazu, dass Kinder den Blickbewegungen folgen, vielmehr veranlasst er sie zu einer Verallgemeinerung dessen, was sie im Anschluss daran sehen. Sie merken sich die *allgemeinen* Merkmale der folgenden Szene besser, wenn man sie vorher angeblickt hat. Und unwichtige Details wie Ort und Zeit vernachlässigen sie dann.

So achten etwa neun Monate alte Kinder bei einfachen Beobachtungen normalerweise recht genau auf den *Ort* eines Objektes. Gibt man ihnen dagegen durch den Blickkontakt ein »Lernsignal«, dann konzentrieren sie sich stattdessen auf die allgemeineren, visuellen Eigenschaften. Anders ausgedrückt: Im ersten Fall gehen sie davon aus, irgendein Ereignis zu sehen, im zweiten Fall, nach dem Blickkontakt, versuchen sie herauszufinden, was sie denn Interessantes und Verallgemeinerbares lernen können.[12] Eine solche Konzentration auf das Wesentliche ist gerade für kleine Kinder essentiell, schließlich sind ihre geistigen Kapazitäten noch sehr begrenzt. Sie tun also gut daran, ein wenig mit ihren Fähigkeiten hauszuhalten. Und genau dazu verhilft ihnen der direkte Blickkontakt. Es hat also seinen Sinn, dass unsere Augen besonders gut sichtbar sind.

Alles spricht dafür, dass die Natur uns durch die besonderen Merkmale unseres Auges auf die Verständigung und Zusammenarbeit mit anderen Menschen vorbereitet hat. Ein erster, aber sehr deutlicher Hinweis darauf, dass unsere sozialen Fähigkeiten nicht einfach anerzogen sind, sondern in einem gewissen Maße angeboren sein müssen.

Sichtbar wird an diesem Beispiel aber auch, dass zwischen unseren angeborenen und unseren erlernten Fähigkeiten kein Gegensatz besteht. Vielmehr scheint es, als ob wir von Natur aus bestimmte Fähigkeiten mitbringen würden, die uns helfen zu lernen und damit auch so etwas wie Kultur überhaupt erst zu entwickeln: Unser Vermögen, dem Blick anderer zu folgen sowie bestimmte Signale zu verstehen, und letztlich auch der Kontrast zwischen Iris und Augapfel sind solche angeborenen

Eigenschaften. Sie erleichtern uns das Zusammenleben und damit auch die kulturelle Entwicklung.

Hat sich diese Kultur aber erst einmal entwickelt, dann wirkt sie auf die Ausbildung und den Gebrauch unserer angeborenen Fähigkeiten zurück. Das beste Beispiel liefern hier die vielen Institutionen, mit denen unsere Kultur das Lernen und den Erwerb von Wissen unterstützt und damit gleichzeitig auch formt. Natur und Kultur wirken zusammen, es ist wenig sinnvoll, sie gegeneinander auszuspielen.

Das soziale Gehirn

Ein sehr wichtiger Beleg dafür, dass Menschen von Natur aus bestimmte soziale Fähigkeiten besitzen, ergibt sich aus der »Hypothese des sozialen Gehirns«. Die These besagt, dass soziale Faktoren den maßgeblichen Anstoß für die erstaunliche Entwicklung des Gehirns von Menschen und Menschenaffen geliefert haben. Eine solche Erklärung ist wichtig, weil das menschliche Gehirn außerordentlich viel Energie verbraucht. Obwohl es nur zwei Prozent der Körpermasse ausmacht, ist es für zwanzig Prozent des Energieverbrauchs verantwortlich. Ein Organ, das einen derart hohen Aufwand erfordert, kann sich innerhalb der Evolution nur erhalten, wenn es entscheidende Überlebensvorteile bietet.

Wie könnten diese Vorteile aussehen? Die »Hypothese des sozialen Gehirns« behauptet, dass der wichtigste Vorteil in der Verbesserung unserer sozialen Fähigkeiten zu suchen ist – und nicht etwa in der Auseinandersetzung mit der Umwelt, etwa bei der Entwicklung von Werkzeugen oder der Zähmung von Tieren. Der Zuwachs an Intelligenz macht es leichter, sich in sozialen Gruppen zurechtzufinden, also mit den anderen Mitgliedern der eigenen Gruppe zu kooperieren, sich mit ihnen zu verständigen, aber sich notfalls auch gegen sie durchzusetzen. Dabei muss man gar nicht bestreiten, dass intelligentere Lebewesen auch Vorteile bei der Auseinandersetzung mit der

Umwelt haben. Unnötig zu sagen, dass erst die Entwicklung der menschlichen Intelligenz uns befähigt hat, Häuser zu bauen, Wettervorhersagen zu machen, Tiere zu züchten und Land zu kultivieren. Und natürlich haben diese Fähigkeiten unsere Überlebenschancen verbessert. Dennoch stellen sie nicht die entscheidende Antriebskraft für die Entwicklung unserer Intelligenz dar. Eremiten hätten vermutlich alleine keine Häuser bauen können und für ihren Wetterbericht hätte sich niemand interessiert, ganz abgesehen davon, dass ihnen das über viele Generationen in sozialen Gemeinschaften erarbeitete und weitergegebene Wissen ebenso gefehlt hätte wie die entsprechenden Werkzeuge – von der Ermunterung durch andere einmal ganz zu schweigen.

Wie aber kann man überhaupt erkennen, welche Faktoren und Fähigkeiten die Entwicklungsgeschichte vorangetrieben haben? Was berechtigt uns zu sagen, dass nicht der Werkzeuggebrauch entscheidend für die Entwicklung der menschlichen Intelligenz war, sondern die sozialen Fähigkeiten? Immerhin hat sich beides mehr oder minder gemeinsam entwickelt, und abgesehen davon war keiner von uns dabei, als diese Entwicklung vor vielen Jahrtausenden geschah, geschweige denn, dass hier irgendwelche Experimente möglich gewesen wären. Wenn wir hier dennoch nicht auf bloße Spekulationen angewiesen sind, so liegt dies daran, dass die Natur die entscheidenden Experimente für uns gemacht hat. Unsere Aufgabe besteht nur noch darin, diese Experimente und ihre Ergebnisse zu finden.

Was macht man in einem guten Experiment? Nehmen wir an, jemand wollte wissen, ob für die Geschwindigkeit, mit der ein frei fallender Körper auf den Boden trifft, das Gewicht des Körpers oder seine Fallhöhe verantwortlich ist. In diesem Falle stellt man ein Experiment an, in dem man Gewicht und Fallhöhe unabhängig voneinander verändert. Anschließend misst man die Auswirkungen dieser Veränderungen auf die Geschwindigkeit. Dabei stellt sich heraus, dass Veränderungen des Gewichts bedeutungslos sind, solange man den Luftwiderstand ignoriert, Veränderungen der Fallhöhe jedoch die Aufprallgeschwindigkeit beeinflussen. Sofern andere Ursachen ausgeschlossen werden können, kann man dann behaupten, dass die Unterschiede in der Fallhöhe die Ursache für Unterschiede in der Geschwindigkeit des fallenden Körpers darstellen. In diesem Falle lassen sich diese Unterschiede sogar so genau messen, dass wir sie in einer Formel angeben können, mit der sich die Geschwindigkeit des Aufpralls berechnen lässt.

Natürlich kann man solche Formeln nur aus kontrollierten Experimenten ableiten, in denen die entscheidenden Größen genau zu beobachten sind. Aber stellen Sie sich vor, Sie wollten nur ganz allgemein wissen, ob die Geschwindigkeit von der Fallhöhe oder vom Gewicht abhängt. Und stellen Sie sich weiter vor, Sie hätten eine Menge von Berichten, in denen Fallhöhe, Gewicht und Aufprallgeschwindigkeit mehr oder minder genau angegeben werden. Wenn in diesen Berichten die Aufprallgeschwindigkeit immer mit der Fallhöhe variiert, nicht aber mit dem Gewicht, dann kann man vermuten, dass sie und nicht das Gewicht für die Aufprallgeschwindigkeit verantwortlich ist. Und wenn dies so ist, dann erlauben statistische Zusammenhänge Rückschlüsse auf Ursachen und Wirkungen. Diese können sich später zwar auch als falsch herausstellen – aber das haben empirische Erkenntnisse generell so an sich.

Ganz ähnlich kann man verfahren, wenn man sich Gedanken über die Ursachen für die Entwicklung unseres Gehirns macht. Da wir hier, wie gesagt, keine kontrollierten Experimente durchführen können, bleibt uns nichts anderes übrig, als in bereits vorliegenden Daten nach systematischen Zusammenhängen zwischen der Gehirnentwicklung und der Entwicklung sozialer Fähigkeiten zu suchen.

Daten zusammenzubekommen, die aussagekräftig und vergleichbar sind, ist nicht ganz leicht. Es ist kaum zu erwarten, dass irgendwo halbwegs kompatible Untersuchungen zu den sozialen Fähigkeiten von beispielsweise Menschen, Lemuren und Hyänen angestellt worden sind. Ein solcher Vergleich wäre schon allein wegen der großen Unterschiede im Sozialverhalten der Beteiligten extrem schwierig.

Einen Ausweg bieten halbwegs einfach zu messende indirekte Indizien. So lässt sich die Intelligenz zum Beispiel an der relativen Größe der Hirnrinde im Vergleich zum restlichen Gehirn messen. Rückschlüsse auf die sozialen Fähigkeiten erlaubt die durchschnittliche Gruppengröße innerhalb einer Tierart: Einerseits bieten große Gruppen offensichtliche Vorteile, beispielsweise bei der gegenseitigen Unterstützung und bei der Auseinandersetzung mit anderen Gruppen, andererseits ist es aber auch schwieriger, in einer großen Gruppe den Überblick zu behalten – die Anforderungen an die sozialen Fähigkeiten steigern sich mit der Größe der Gruppe. Insofern scheint sie ein gutes Kriterium für die sozialen Fähigkeiten zu liefern.

Zugegeben – die Ergebnisse, die man auf diese Weise erzielen kann, sind sicherlich nicht unumstößlich, aber das sind viele andere wissenschaftliche Erkenntnisse auch nicht. Wären umgekehrt die skizzierten Annahmen völlig aus der Luft gegriffen, dann müsste man völlig unklare und schwer zu interpretierende Daten erhalten – so als würde man nach dem Zusammenhang zwischen Haarfarbe und Intelligenz oder zwischen Körpergröße und Kunstgeschmack forschen.

Doch die Daten sind glücklicherweise nicht unklar. Vielmehr bestätigt eine ganze Reihe von Befunden die Vermutung, dass die Entwicklung des Gehirns vor allem durch soziale Faktoren vorangetrieben worden ist. Im Gegensatz dazu gibt es praktisch keinen Hinweis darauf, dass die Vorteile, die eine höhere Intelligenz in der Auseinandersetzung mit der Umwelt bietet, eine entscheidende Rolle gespielt haben könnten. Wäre dies der Fall, dürfte man zum Beispiel erwarten, dass intelligentere Affen besseren Zugang zu schwer erreichbarer Nahrung haben, dass sie sich besser an schlecht zugängliche oder weit entfernte Plätze erinnern können, an denen eine bestimmte Nahrung zu finden ist, oder dass sie dank ihrer Intelligenz und ihres besseren Orientierungsvermögens ihren Aktionsraum vergrößern können.

Doch dies wird von den vorliegenden Daten nicht bestätigt. Intelligentere Affen haben keinen größeren Bewegungsspielraum, und sie ernähren sich auch nicht anders oder besser als ihre weniger intelligenten Artgenossen. Der einzige stabile Zusammenhang, der sich feststellen ließ, war der zwischen Intelligenz und Gruppengröße. Und dieser fand sich nicht nur bei gleich fünfzehn unterschiedlichen Affenarten, sondern auch bei anderen Säugetieren wie den Fledermäusen oder Walen. Zwar gibt es Gruppenbildungen schon bei einfachen Lebewesen, wie zum Beispiel bei Ameisen oder Bienen, doch hier ist das Verhalten der Gruppe wie der einzelnen Individuen sehr stark festgelegt. In Gruppen, die ein flexibleres Verhalten zeigen, haben intelligentere Lebewesen im Allgemeinen entscheidende Vorteile: Sie orientieren sich besser, unterhalten eine größere Anzahl von funktionierenden sozialen Beziehungen und können eine Reihe weiterer Vorteile nutzen, die sich in Gruppen bieten.

Warum kommt es dazu? Liegt es vielleicht daran, dass intelligentere Lebewesen ein besseres Gedächtnis haben und sich deswegen das Verhalten ihrer Artgenossen besonders gut merken können? Oder können sie dank ihrer besonderen Wahrnehmungsfähigkeiten eine größere Anzahl von Gruppenmitgliedern voneinander unterscheiden? Soweit man das heute sagen kann, ist weder das eine noch das andere ausschlaggebend. Entscheidend ist vielmehr, dass es uns mit zunehmender Intelligenz immer leichter fällt, Informationen über unsere sozialen Beziehungen zu anderen Personen zu verarbeiten. Und diese Fähigkeit sowie die mit ihr verbundenen Vorteile sind offenbar so wichtig, dass sie den entscheidenden Anstoß für das Wachstum des Gehirns von Menschen und Affen gegeben haben.

29 ways to make it to my baby's door, oder: Warum soziale Intelligenz Körperkraft schlägt

Hierfür gibt es eine ganze Reihe von Belegen. So sind die schottischen Psychologen Richard Byrne und Nadia Corp dem Zusammenhang von Täuschung und Intelligenz nachgegangen. Die Frage ist deshalb von Interesse, weil Täuschungsmanöver eine recht komplizierte Sache sind, die eine Menge sozialer Intelligenz erfordern.

Am einfachsten ist es, jemanden zu täuschen, wenn man eine Vorstellung davon hat, was der andere weiß und was ihm glaubhaft erscheinen könnte. Dazu muss man sich in die

Lage des anderen versetzen – man muss eine Vorstellung von seinen Überzeugungen und Wünschen entwickeln: Eine sogenannte »Theorie des Geistes«, und das erfordert eine Menge Intelligenz. Außer dem Menschen haben nur wenige andere Lebewesen eine solche »Theorie des Geistes«. Doch es geht auch anders. Man kann nämlich auch durch bloßes Ausprobieren lernen, jemanden zu täuschen. Bereits dazu benötigt man eine Menge sozialer Intelligenz, es ist ziemlich mühsam und erfordert eine Menge von Versuchen, doch auf die Dauer funktioniert auch das.[13]

Makaken oder Kapuzineraffen sind beispielsweise imstande, dominante Gruppenmitglieder in die Irre zu führen, um diesen Nahrung vorzuenthalten, obwohl sie über keine »Theorie des Geistes« verfügen. Makaken haben also keine Vorstellung davon, was andere Affen denken oder wünschen, und vermutlich wissen sie auch nicht, was es heißt, jemanden zu täuschen. Warum können sie das trotzdem? Normalerweise nehmen dominante Gruppenmitglieder sämtliche Nahrung zunächst für sich selbst in Anspruch. Erfahren jedoch untergeordnete Affen von einer bislang unbekannten Nahrungsquelle, dann versuchen sie, diese vor ihren dominanten Gruppenmitgliedern zu verbergen. Sie machen sich dabei vermutlich keine Gedanken darüber, was die dominanten Gruppenmitglieder sehen oder wissen. Wesentlich wahrscheinlicher ist es, dass sie aus früheren Erfahrungen gelernt haben, was sie tun müssen, um einen Verlust der Nahrung an dominante Affen zu vermeiden.

Ihre Intelligenz verschafft diesen Affen also entscheidende Vorteile in ihrer Gruppe – doch dies ist längst nicht das einzige Anzeichen dafür, dass es die Verarbeitung von sozialen Informationen ist, die den entscheidenden Vorteil höherer Intelligenz in Gruppen ausmacht. Ein weiteres Indiz ergibt sich aus Beobachtungen des Sexualverhaltens von Affen. Bei polygamen Menschenaffen, deren Männchen Beziehungen zu mehreren Weibchen haben können, hängt der Fortpflanzungserfolg der Männchen üblicherweise von ihrem Rang ab. Die kräftigen, dominanten Männchen der Horde können die in der Hierarchie unter ihnen Stehenden vom Sex mit weiblichen Affen ausschließen. Wie Pawlowski, Lowen und Dunbar gezeigt haben,[14] gelingt ihnen dies aber umso schlechter, je intelligenter ihre Rivalen sind. Intelligentere Affenmännchen finden Mittel und Wege, sich mit den Weibchen zu paaren, auch wenn sie körperlich unterlegen sind. Zum einen können sie dank ihrer Intelligenz versuchen, die dominanten Männchen ihrer Horde hinters Licht zu führen; zum anderen vermögen sie sich mit anderen Männchen zu verbünden; und schließlich können sie versuchen, die Macht der dominanten Männchen zu umgehen, indem sie besondere Beziehungen zu bestimmten Weibchen aufbauen. In jedem Falle zeigen diese Befunde, dass Intelligenz, genauer gesagt soziale Intelligenz, die reine Körperkraft schlägt. Nicht immer kann man also das, was man nicht im Kopf hat, durch das ersetzen, was man in Armen oder Beinen hat.

Halten wir fest, dass es allem Anschein nach soziale Faktoren waren, die die Gehirnentwicklung bei Menschen und Menschenaffen vorangetrieben haben. Genauer sind es die Vorteile bei der Verarbeitung sozialer Informationen, die vor allem dafür verantwortlich sind, dass unser vergleichsweise großes Gehirn einen Nutzen stiftet, obwohl es überproportional viel Energie verbraucht.

All dies bestätigt noch einmal die Vermutung, dass wir von Natur aus soziale Fähigkeiten mitbringen. Damit ist nicht gesagt, dass alle diese Fähigkeiten vollständig angeboren sind oder dass Erziehung und soziales Lernen überhaupt keinen Einfluss mehr hätten. Biologische und soziale Faktoren scheinen vielmehr zusammenzuwirken: Unsere biologischen Anlagen befähigten uns dazu, in Gruppen zu leben, zusammenzuarbeiten und miteinander zu kommunizieren. Umgekehrt hat das Leben in Gruppen Einfluss auf unsere biologischen Anlagen gehabt. Nur weil es Gruppen gab, in denen soziale Intelligenz von Vorteil war, konnten soziale Faktoren einen solchen Einfluss auf die Entwicklung der menschlichen Intelligenz ausüben.

Was das Hirn macht, wenn es nichts zu tun gibt

Es gibt noch eine ganze Reihe weiterer Belege, die dafür sprechen, dass wir von Natur aus soziale Fähigkeiten besitzen. Einer dieser Belege ergibt sich aus der Beobachtung, dass unser Gehirn völlig unabhängig von unmittelbar anliegenden Aufgaben ständig aktiv ist. Auch wenn wir nichts Bestimmtes zu erledigen haben, passiert dort eine ganze Menge. *Was* genau aber macht das Gehirn in dieser Zeit? Ist es einfach in einem völlig nutzlosen Leerlauf, der Energie verbraucht, ohne damit irgendetwas zu bewirken? Oder beschäftigt sich das Gehirn sozusagen von selbst mit nützlichen Dingen, auch wenn uns selbst dies gar nicht bewusst ist – so wie Computer bestimmte Routineaufgaben erledigen, wenn sie eine gewisse Zeit im Leerlauf waren?

Tatsächlich scheint es so, dass das Gehirn sich ganz ähnlich verhält. Es ist auch dann beschäftigt, wenn es keine konkrete Aufgabe zu erledigen gibt und wir selbst uns gar nicht bewusst sind, dass überhaupt etwas geschieht. Mit den heute zur Verfügung stehenden Methoden ist es nicht ganz einfach herauszufinden, was in diesen Phasen konkret passiert. Es mehren sich allerdings die Indizien dafür, dass in diesem Zustand soziale

Informationen verarbeitet werden – auch wenn die Details vorerst unklar sind. Doch schon allein die Tatsache, dass das Gehirn mehr oder minder automatisch auf die Verarbeitung sozialer Informationen umschaltet, sofern nichts anderes zu tun ist, und dass außerdem diese Verarbeitung offenbar ohne spürbaren Aufwand vonstattengeht, zeigt, wie weit unser Gehirn auf den Umgang mit diesen Informationen eingestellt ist.

Imitation

Halten wir also fest, dass wir von Natur aus soziale Fähigkeiten besitzen und dass diese sozialen Faktoren die Entwicklung des Gehirns vorangetrieben haben. Dies bedeutet jedoch nicht, dass der Umgang mit sozialen Informationen stets hochgestochene, komplexe Überlegungen erfordert – ganz im Gegenteil: Wie sich gerade gezeigt hat, kommen dabei oft ganz basale Fähigkeiten zum Tragen, Fähigkeiten, die wir mit sehr viel einfacheren Lebewesen teilen. Sie haben sich irgendwann in der Entwicklungsgeschichte unabhängig von unserer Vernunft herausgebildet, und ihre Existenz ist uns vielfach überhaupt nicht bewusst. Dennoch stellen sie sicher, dass wir mehr recht als schlecht mit unseren Mitmenschen zu Rande kommen, ja, dass es oft genug richtig schön ist, mit anderen zusammenzuleben.

Am besten beschreiben lassen sich unsere sozialen Fähigkeiten mit einem Bild, das der Philosoph Ludwig Wittgenstein in seinen »Philosophischen Untersuchungen« einmal zur Beschreibung der Sprache verwendet hat:

»Unsere Sprache kann man ansehen als eine alte Stadt: Ein Gewinkel von Gässchen und Plätzen, alten und neuen Häusern, und Häusern mit Zubauten aus verschiedenen Zeiten; und dies umgeben von einer Menge neuer Vororte mit geraden und regelmäßigen Straßen und mit einförmigen Häusern.« (PU 18)

Es wird sich zeigen, dass etwas ganz Ähnliches für die Vielzahl von Fähigkeiten gilt, die unser Sozialverhalten ausmachen. Wie die Häuser in Wittgensteins Stadt sind sie zu ganz unterschiedlichen Zeiten entstanden. Sie folgen keinem übergreifenden Plan, sondern sind aufgrund einzelner Bedürfnisse und bei ganz unterschiedlichen Gelegenheiten entstanden. Und manchmal stehen sie einander auch im Weg. Allenfalls bei den Fähigkeiten, die zuletzt dazugekommen sind – in Wittgensteins neu hinzugekommenen Vororten –, findet sich eine halbwegs überschaubare Ordnung mit »geraden und regelmäßigen Straßen«. Doch die Stadt wäre ohne die Vielfalt und das Chaos der Überbleibsel aus einer früheren Zeit nicht nur steril und langweilig, vielmehr würde sie gar nicht richtig funktionieren. Unsere Vernunft alleine wäre wohl überfordert, unser Zusammenleben zu regeln – auch wenn sie eine extrem wichtige Errungenschaft ist.

Wir benötigen unsere Vernunft, wenn wir *verstehen* wollen, wie unser Zusammenleben funktioniert – so wie wir eben unseren Verstand manchmal ganz schön anstrengen müssen, um zu verstehen, wie es zur Kontinentalverschiebung oder zum Untergang der Dinosaurier gekommen ist. Doch niemand käme auf die Idee, aus der Möglichkeit einer verstehbaren Erklärung für den Untergang der Dinosaurier zu folgern, dass dieser Untergang selbst von Vernunft geleitet gewesen sei. Natürlich war er das nicht. Genau dasselbe gilt für unser Sozialverhalten: Aus der Tatsache, dass es vernünftig ist, sich einer Gruppe anzuschließen und mit den anderen Mitgliedern der Gruppe zu kooperieren, kann man nicht folgern, dass unser Gruppenverhalten durch unsere Vernunft gesteuert wird.

Imitation bei Schwärmen

Deutlich wird dies schon an der Art und Weise, wie Gruppen ihr Verhalten koordinieren. Dass eine Koordination notwendig ist, muss einen nicht weiter verwundern – eine Gruppe würde sonst kaum Vorteile bieten, ja man kann überhaupt nur dann von einer Gruppe sprechen, wenn das Verhalten der einzelnen Mitglieder einer gewissen Ordnung folgt. Und das setzt wiederum voraus, dass die einzelnen Mitglieder ihr Verhalten in mehr oder minder großem Maße dem der Gruppe anpassen.

Fischschwärme bieten hier ein gutes Beispiel. Das Verhalten solcher Schwärme, vor allem die Koordination der Bewegung von Tausenden von Fischen, gibt oft ein eindrucksvolles Bild ab. Dennoch reichen ein paar sehr einfache Regeln aus, um nicht nur zu erklären, warum solche Schwärme unter normalen Bedingungen zusammenbleiben, sondern auch, wie sie Fressfeinden entkommen und wie sie ungünstigen Umweltbedingungen ausweichen. Im Prinzip muss nur jeder einzelne Fisch sich an seinem nächsten Nachbarn orientieren. Schwimmt der schneller, dann muss auch der Fisch selbst schneller schwimmen, verändert der Nachbar seine Richtung, muss dies auch der Fisch selbst tun und dabei einen zu großen Abstand ebenso vermeiden wie eine Kollision.

Ein gewisses Maß von Anpassung der Individuen aneinander ist in einer Gruppe unvermeidlich, doch Anpassung alleine reicht schon bei Fischschwärmen nicht aus. Wenn alle einfach nur einander imitieren – wie findet dann der Schwarm seine Richtung? Tatsächlich spielen dabei einige besonders entschlossene Mitglieder des Schwarms die zentrale Rolle: Sofern diese sich gemeinsam in eine bestimmte Richtung bewegen, folgt ihnen auch der Rest des Schwarms. Man kann das leicht überprüfen, indem man in einen kleinen Fischschwarm einen äußerlich gleich aussehenden, elektronisch gesteuerten Roboterfisch einschleust. Solange der Schwarm nicht allzu groß ist, kann der Roboterfisch das Verhalten des Schwarms bestimmen.[15]

Auch bei Menschen ist dieser Mechanismus noch aktiv. Unser Verhalten lässt sich nämlich auf die gleiche Weise beeinflussen. Wenn sich in einer Gruppe von, sagen wir, hundert Menschen fünf Personen befinden, die dasselbe Ziel verfolgen, dann werden die fünfundneunzig anderen Mitglieder der Gruppe tatsächlich diesen fünf Personen folgen, und zwar ohne dass sie irgendwelche Anweisungen erhalten, ja, ohne zu wissen, wer diese Personen sind. Noch nicht einmal die fünf Personen müssen voneinander wissen. Warum ist das so? Vermutlich liegt es daran, dass Menschen, die ein bestimmtes Ziel verfolgen oder über besondere Informationen verfügen, sich klarer und entschlossener bewegen. Wer dagegen nicht so recht weiß, was er tun soll, läuft eher etwas ziellos durch die Gegend. Insofern kann es vorteilhaft sein, sich an den besonders zielstrebig auftretenden Gruppenmitgliedern zu orientieren.[16]

Es ist nicht schwer zu erkennen, dass solche Fähigkeiten sinnvoll sein können. Es hilft uns, wenn wir Gruppenmitglieder zu identifizieren vermögen, die besonders gut Bescheid wissen, und noch besser ist es, wenn wir uns gleich dazu angemessen verhalten. Doch natürlich birgt ein solches Verhalten auch Gefahren: Nur weil sich jemand besonders zielstrebig bewegt, muss er sich nicht wirklich gut auskennen – vielleicht hat seine Zielstrebigkeit einen ganz anderen Grund oder am Ende will er uns nur täuschen. Mit anderen Worten: Die instinktive Orientierung in einer Gruppe ist auch gefährlich.

Dies gilt für eine ganze Reihe von sozialen Fähigkeiten. Sie sind einerseits äußerst nützlich, bergen gleichzeitig aber unübersehbare Risiken – und zwar gerade deshalb, weil viele dieser Fähigkeiten unbewusst wirksam und daher nur schlecht zu kontrollieren sind. Eine ganz entscheidende Rolle spielen dabei

Imitation und Mimikry. Wir passen uns einer Gruppe an, indem wir das Verhalten der anderen Mitglieder nachahmen. Zumindest auf den ersten Blick ist das eine naheliegende Strategie. Wie wir bereits gesehen haben, basiert das Verhalten von Schwärmen auf genau diesem Prinzip. Es gibt viele Gelegenheiten, bei denen Nachahmung offensichtlich von Vorteil ist. Wenn ein Tier aus der Herde wegläuft, weil es ein Raubtier gesehen hat, dann ist die Nachahmung dieses Verhaltens ebenso sinnvoll wie dann, wenn ein anderes Tier ganz schnell zu einer Nahrungsquelle läuft, die es gerade aufgetrieben hat. Imitation sorgt dafür, dass alle Tiere von den Erkenntnissen einiger profitieren, und zwar ohne dass sie diese Erkenntnisse selbst nachvollziehen müssten. Vielmehr übernehmen sie gleich das Verhalten, das diesen Erkenntnissen entspricht.[17]

Imitation bei Menschen

Auch Menschen ahmen das Verhalten anderer nach, und das in der Regel unbewusst. Erkennbar ist dies bereits bei sehr kleinen Babys: Wie Meltzoff und Moore[18] gezeigt haben, imitieren schon Neugeborene die Gesichtsbewegungen von Erwachsenen, insbesondere das Herausstrecken der Zunge, und zwar direkt nach der Geburt.

Mittlerweile wissen wir einiges darüber, wie diese Fähigkeit zustande kommt. Kinder vermögen von sich aus Zusammenhänge zwischen ihren Beobachtungen bei anderen Menschen und dem entsprechenden Verhalten bei sich selbst herzustellen. Die Natur hat dafür gesorgt, dass die Beobachtung einer bestimmten Bewegung bei anderen in etwa *die* Areale in unserem Gehirn aktiviert, die auch verantwortlich sind, wenn wir selbst die entsprechende Bewegung ausführen. Mit anderen Worten: Wenn Kinder einen Erwachsenen die Zunge herausstrecken sehen, passiert in ihrem Gehirn etwas ganz Ähnliches wie dann, wenn sie ihre eigene Zunge herausstrecken. Und von der neuronalen Aktivität, die der beim Herausstrecken der Zunge entspricht, bis zum tatsächlichen Herausstrecken der Zunge ist es nur noch ein kleiner Schritt, zumal kleine Kinder dieses Verhalten nicht weiter kontrollieren können – sie strecken also die Zunge heraus. Die Imitationsfähigkeit von Kindern ist damit übrigens noch lange nicht erschöpft. Neugeborene imitieren auch das Weinen anderer Babys, und nach wenigen Monaten sind sie in der Lage, den emotionalen Gesichtsausdruck ihrer Mutter nachzumachen.

Imitation beruht auf Gegenseitigkeit. Das beginnt schon, wenn Eltern mit ihren Neugeborenen spielen und dabei deren Verhalten nachahmen. Die Kinder merken das. Wenn ein Erwachsener sie imitiert, dann wiederholen sie die imitierte Bewegung öfter, sie schauen den Erwachsenen länger an und lächeln ihm häufiger zu.[19] Wenn sie etwas älter sind, vollführen sie sogar richtige Tests, um zu sehen, ob der Erwachsene richtig reagiert: Dazu machen sie zum Beispiel eine unerwartete Bewegung und prüfen, ob der Erwachsene ihnen dabei folgt. Außerdem verstehen sie in diesem Alter besser, dass sie es mit einer anderen, eigenständigen Person zu tun haben, die auf sie eingeht und mit ihnen spielt – und gerade das scheint die Freude an diesem Spiel zu vergrößern.[20]

Später sind die Kinder in der Lage, das Ziel einer Handlung zu erkennen und das entsprechende Handeln zu imitieren, auch wenn die vorgeführte Handlung ihr Ziel verfehlte. So sahen Kinder in einem Experiment von Meltzoff, wie Erwachsene vergeblich versuchten, ein Spielzeug auseinanderzunehmen. Die achtzehn Monate alten Kinder imitierten nicht den fehlgeschlagenen Versuch, sondern versuchten selbst mit allen Mitteln, das eigentliche Ziel zu erreichen, also das Objekt auseinanderzunehmen.[21]

Es versteht sich unter diesen Voraussetzungen fast von selbst, dass auch Erwachsene einander nachahmen. Und auch wenn sie ihr Nachahmungsverhalten wesentlich besser unter Kontrolle haben als Kinder – im Wesentlichen sind bei ihnen dieselben Mechanismen wirksam. Psychologen haben in einer Vielzahl von Verhaltensexperimenten das Imitationsverhalten von Erwachsenen untersucht. Gähnen wie Lachen sind sprichwörtlich »ansteckend«. Dies haben sich findige Fernsehproduzenten schon längst zunutze gemacht. Sie lassen Studioproduktionen von Shows, die völlig ohne Publikum aufgenommen worden sind, mit Lachen und Beifall vom Band ergänzen, um den Zuschauern vor den Fernsehgeräten das Gefühl zu geben, sie wären Teil einer echten Gruppe. Fernsehzuschauer lachen aber nicht nur mit, zuweilen imitieren sie selbst den Gesichtsausdruck von Fernsehdarstellern.[22]

Dieses Imitationsverhalten hinterlässt sogar bleibende Spuren – zumindest dann, wenn man es lange genug betreibt. Bestes Beispiel hierfür liefern Ehepartner, deren Gesichtsausdruck sich in einer langen Ehe offenbar angleicht. Zajonc und Mitarbeiter zeigten ihren Versuchspersonen Fotos von Alleinstehenden, von Neuverheirateten und von Eheleuten, die seit fünfundzwanzig Jahren verheiratet waren.[23] Die größten Ähnlichkeiten wurden bei den langjährigen Ehepartnern entdeckt. Die nächstliegende Erklärung dafür ist, dass eine ähnliche Mimik, letztlich also die gegenseitige Nachahmung, zu dieser Angleichung geführt hat.

Imitation betrifft nicht nur den Gesichtsausdruck; nachgeahmt wird auch die Körpersprache. So konnte man zeigen, dass Studenten besonders charakteristische Bewegungen ihrer Professoren imitieren. Ähnliches passiert bei Müttern und ihren Kindern. Und wenn ein Erzähler seine Geschichte mit charakteristischen Gesten begleitet, kann er damit rechnen, dass seine Zuhörer diese nachmachen.

Die Imitation beschränkt sich aber keineswegs nur auf die

Nachahmung von Mimik und Körperbewegungen, die wir mit bloßem Auge erkennen können. Misst man die elektrischen Impulse von Muskelbewegungen, dann kann man Imitationsverhalten auch dort noch feststellen, wo die betroffene Person auf den ersten Blick völlig unbeteiligt erscheint.[24] Schließlich lassen wir uns auch von den Emotionen anderer anstecken. Kino- und Theaterbesucher wissen das seit langem, und Romane und Märchen verlören einen Großteil ihrer Wirkung, würden wir nicht mit den Romanfiguren und Märchenhelden mitfiebern und mitleiden.

Imitation und Mimikry spielen also nach wie vor eine wichtige Rolle, auch wenn sich ihre Funktion offenbar längst geändert hat, sind wir heute doch nur noch selten auf der Flucht vor Raubtieren. Bei uns Menschen dient das Imitationsverhalten nicht einfach der Koordination von Verhalten, sondern vor allem der Stärkung unserer sozialen Beziehungen.

Man kann nämlich zeigen, dass Imitationsverhalten sehr eng mit der Stärke von sozialen Bindungen zusammenhängt – je enger die Bindung ist, desto stärker ist auch die Neigung, einander zu imitieren. Personen dagegen, zu denen wir keine Bindungen haben oder die wir sogar ablehnen, imitieren wir nicht oder jedenfalls nur in einem geringeren Maße. Der Zusammenhang scheint in beide Richtungen zu wirken: Bindung stärkt die Imitation, doch in größerem Maße stärkt Imitation die Bindung. Imitation ist eine Art von Kitt, der soziale Beziehungen festigt. Wenn beispielsweise Studenten ihre Professoren nachahmten, dann empfanden beide Seiten eine größere Übereinstimmung, und die Studenten wurden von den Professoren besser bewertet.[25] Letzteres wirft zugegebenermaßen kein besonders gutes Licht auf das Urteilsvermögen von Hochschullehrern, doch es zeigt gleichzeitig, wie groß die Wirkung von Imitation und Mimikry ist.

Ganz allgemein vergrößern wir durch die Nachahmung einer Person die Wahrscheinlichkeit, dass diese uns mag. Die Wirkung ist so groß, dass sie offenbar auch strategisch eingesetzt wird: Versuchspersonen, denen erzählt wurde, sie müssten in Zukunft mit einer bestimmten Person zusammenarbeiten, ahmten die Person stärker nach als eine Kontrollgruppe, die nicht auf eine zukünftige Zusammenarbeit mit der Person vorbereitet worden war.[26] Gesteigert wird die Neigung zur Imitation einer Person auch dann, wenn ein erster Versuch zur Zusammenarbeit scheitert. Offenbar wollen wir dann sicherstellen, dass wir beim nächsten Mal auf jeden Fall Erfolg haben.

Imitation erleichtert es auch, uns in die Perspektive einer anderen Person zu versetzen.[27] Dabei spielt die Kopplung zwischen Beobachtung und Vollzug einer Handlung eine wichtige Rolle. Wie oben schon erwähnt, kommt diese Kopplung dadurch zustande, dass bei der Beobachtung einer Handlung genau die Areale des Gehirns aktiviert werden, die auch bei der Ausführung der Handlung aktiv sind. Zieht man in Betracht, dass so etwas auch für die Mimik gelten muss, dann liefert die Imitation eine Art Brücke zwischen unseren eigenen Empfindungen und denen anderer. Denn wenn die Beobachtung eines schmerzverzerrten Gesichts bei mir genau dieselben Hirnareale aktiviert wie ein schmerzhafter Ausdruck meines eigenen Gesichts, dann kann ich leicht eine Verbindung zwischen den Schmerzen meiner Mitmenschen und meinen eigenen Schmerzen herstellen.[28] Insofern ist es nicht verwunderlich, dass wir nicht nur Körperbewegungen, sondern auch Emotionen nachvollziehen können – damit gewinnen wir eine weitere Verbindung zu den mentalen Zuständen anderer. Imitation stellt also einen wichtigen Bestandteil unserer Fähigkeit dar, uns in die Lage eines anderen zu versetzen und so in eine soziale Beziehung zu ihm zu treten.

Soziale Emotionen

Emotionen spielen eine ganze entscheidende Rolle in menschlichen Gesellschaften, gerade wenn es um die Entstehung und Erhaltung von sozialen Bindungen geht. Auf den ersten Blick könnte man meinen, dass wir in Gruppen leben, weil wir die Vorteile einer solchen Lebensweise erkannt haben. In der Tat ist das Leben in einer Gruppe aus vielen Gründen vernünftig. Doch abgesehen davon, dass Menschen sich nur allzu häufig ziemlich unvernünftig verhalten, könnte man damit nicht erklären, warum viele Tiere und kleine Kinder soziale Bindungen eingehen, obwohl sie kaum in der Lage sein dürften, die Vorteile des Gruppenlebens einzusehen. Auch empirische Untersuchungen und nicht zuletzt der einfache gesunde Menschenverstand sprechen dafür, dass es vor allem Emotionen sind, die die Grundlagen von sozialen Bindungen liefern.

Schon die Redeweise, dass man sich einer Gruppe oder einer Person verbunden »fühlt«, kommt ja nicht von ungefähr. In der Tat: Wie wollte man sich Nähe, Vertrautsein, Freundschaft oder gar eine dauerhafte Partnerschaft ohne die entsprechenden Gefühle vorstellen? Emotionen stellen nicht einfach nur eine zufällige Begleiterscheinung von Bindungen dar, sondern einen unverzichtbaren Bestandteil: Zum einen bilden sie ein wichtiges Motiv für die Suche nach Nähe, zum anderen sind sie essentiell für die Erfahrung, die wir machen, wenn diese Nähe besteht.

Am deutlichsten ist das, wenn man verliebt ist. Doch auch bloße Freundschaft oder die Liebe zu den eigenen Kindern sind mit dem Verlangen *nach* beziehungsweise der Erfahrung *von* Nähe zu den entsprechenden Personen verbunden; diese Emotionen bilden einen entscheidenden Bestandteil von sozialen Bindungen. Umgekehrt kommt es zu großen Belastungen, wenn dieses Verlangen nicht erfüllt wird, Belastungen, die eng mit Schmerzempfindungen verwandt sind, wie wir sie bei körperlichen Verletzungen spüren.

Gefühle sind also unter anderem deshalb essentiell für die Entstehung und Erhaltung menschlicher Gemeinschaften, weil sie deren einzelne Mitglieder aneinander binden. Dies geschieht im Wesentlichen über den Einfluss, den sie auf unsere Motive und unser Verhalten haben. Große Bedeutung haben sie aber auch deshalb, weil sie – vermittelt durch die Gestik und Mimik – Aufschluss darüber geben, was von einer Person zu erwarten ist. Vor allem der Gesichtsausdruck und zudem die Gesten liefern einem wichtige Informationen darüber, ob eine andere Person freundlich oder feindlich eingestellt ist, ob sie ärgerlich ist oder fröhlich, traurig oder neugierig.

Erleichtert wird dies dadurch, dass die Mimik, insbesondere bei grundlegenden Emotionen wie Furcht, Ärger, Ekel, Trauer oder Freude, weitgehend unabhängig von kulturellen Differenzen ist – mit anderen Worten: Im Allgemeinen haben Menschen keine Probleme damit, den emotionalen Ausdruck im Gesicht eines Gegenübers, egal welcher Herkunft, richtig zu deuten. Das liegt unter anderem daran, dass Mimik eng mit dem Verhalten zusammenhängt, das wir in den für eine Emotion typischen Situationen sinnvollerweise zeigen sollten. So stellt zum Beispiel das Naserümpfen den Rest einer Reaktion auf verdorbenes Essen dar: Der Ekel hält uns nicht nur davon ab, diese Speisen anzurühren, sondern wir verschließen die Nase, um uns vor den

»ekelhaften« Gerüchen zu schützen – und machen andere Mitglieder unserer Gemeinschaft mit unserer Reaktion gleichzeitig darauf aufmerksam, dass die Speise verdorben ist.[29]

Mimik, Gestik und andere körperliche Reaktionen stellen also nicht etwa beliebige Begleiterscheinungen von emotionalen Zuständen dar; sie sind keine einfach austauschbaren Symbole wie zum Beispiel Ziffern oder Wörter, die in einer Sprache so und in einer anderen Sprache ganz anders aussehen können. Insbesondere Antonio Damasio und seine Gruppe haben in den letzten Jahren gezeigt, dass es einen unmittelbaren Zusammenhang zwischen emotionalem Erleben und körperlichen Reaktionen gibt, ja, dass diese Reaktionen einen regelrechten *Bestandteil* des emotionalen Erlebens darstellen: Das Empfinden von Wut verändert sich, wenn wir schwitzen und zittern, und auch Furcht fühlt sich anders an, wenn sich der Puls beschleunigt und der Atem schneller geht. Panik-Patienten entwickeln Furchtsymptome, wenn man ihnen suggeriert, ihr Puls gehe schneller.[30]

Mittlerweile beginnen wir zu verstehen, was beim emotionalen Erleben im Gehirn passiert, welche neuronalen Mechanismen aktiv sind, wenn wir Nähe, Freundschaft oder gar Liebe empfinden, aber auch wenn wir verzweifelt sind, weil diese Empfindungen nicht erwidert werden. Vieles spricht dafür, dass hier – wie oben schon erwähnt – körpereigene opiumähnliche Substanzen eine wichtige Rolle spielen. Dies gilt für die angenehmen Gefühle bei der Entstehung solcher Bindungen ebenso wie für die unangenehmen Gefühle, die wir bei der Störung oder gar dem Zerbrechen von Bindungen empfinden.

Schauen wir uns das wohl wichtigste und beherrschendste aller sozialen Gefühle etwas genauer an – die Liebe. Zunächst kann man sich fragen, ob es *die* Liebe eigentlich gibt. Tatsächlich verbirgt sich hinter dem Begriff eine Vielzahl ganz unterschiedlicher Erscheinungen, die kaum mehr miteinander zu tun haben, als dass es sich um intensive Gefühle handelt, die Menschen aneinander binden – für eine Nacht, ein paar Monate oder für ein ganzes Leben. Und diese Gefühle unterscheiden sich nicht nur in ihrer Dauer, sie fühlen sich auch unterschiedlich an. Mal sind sie heftig und ekstatisch, mal ganz ruhig und fest, zuweilen ist es eine reine, blinde Lust, die fast jedem gelten kann, und dann wieder die Fixierung auf eine einzige Person, die alle Gedanken beherrscht. Schließlich kann Liebe auch auftreten als die Bindung an einen Partner, einen Freund oder ein Kind, eine Bindung, die sich nur selten in den Vordergrund schiebt, aber trotzdem immer da ist. Das Wesen der Liebe ist nur schwer in Worte zu fassen, und wenn es überhaupt möglich ist, dann sicherlich eher in Romanen und Gedichten als in der nüchternen Sprache der Wissenschaft. Die Kategorien, mit denen Wissenschaftler hantieren, sind viel zu grob und schwerfällig. Da haben es Romanautoren und Dichter wesentlich besser mit ihrer differenzierteren Sprache und den vielfältigen Möglichkeiten zu umschreiben und anzudeuten, was mit den klareren, aber auch ärmeren wissenschaftlichen Begriffen nicht zu erfassen ist.

Wissenschaftliche Kategorien vereinfachen. Aber sie haben auch einen großen Vorteil: Sie machen einen Komplex von Erscheinungen übersichtlich und ermöglichen uns damit ein Verständnis, das wir nicht hätten, wenn wir uns der ungeordneten Vielfalt der Phänomene überließen. Und wenn man die Unzulänglichkeiten wissenschaftlicher Kategorien im Blick behält, kann man zumindest den gröbsten Missverständnissen aus dem Wege gehen.

Doch *wie* kann man die unübersehbare Vielfalt der Phänomene erfassen, die wir als Liebe bezeichnen? Lassen wir zunächst einmal die Liebe zwischen Freunden oder zwischen Eltern und Kindern beiseite und konzentrieren uns auf Liebesbeziehungen zwischen Menschen, die zueinander auch sexuelle Beziehungen eingehen können – bei Heterosexuellen also auf die Liebe zwischen Männern und Frauen.

Auch mit dieser Einschränkung ist die Sache noch ziemlich kompliziert. Selbst dann fragt sich, wie man die wichtigsten Unterschiede und die auffälligsten Gemeinsamkeiten am besten zu fassen bekommt. Es hat unterschiedliche Versuche gegeben – am sinnvollsten erscheint mir eine Einteilung, die die amerikanische Anthropologin Helen Fisher vorgeschlagen hat. Fisher unterscheidet zwischen drei Arten der Liebe: der romantischen Liebe, der sexuellen Lust und der dauerhaften Bindung. Berufen kann sie sich dabei auf ganz ähnliche Unterscheidungen in einer Vielzahl von Kulturen. Liebe, Lust und Bindung sind nicht einfach Gefühle, die kommen und vergehen wie beispielsweise Angst oder Freude. Vielmehr haben wir es hier mit fundamentalen Trieben zu tun, die in der Regel vergleichsweise lange anhalten und außerdem jeweils auf ein bestimmtes Verhalten abzielen: Wer seine sexuelle Lust ausleben will, wird sich anders verhalten als jemand, der nach einer festen Bindung sucht. Außerdem gibt es eine ganze Reihe von Indizien dafür, dass sich die biologischen Grundlagen dieser Triebe unterscheiden.

Beginnen wir mit der sexuellen Lust. Sex von Liebe zu unterscheiden ist nicht nur in den westlichen Sprachen üblich. Man macht dies auch in einer Vielzahl anderer Kulturen, die sich zum Teil weitgehend unabhängig von unseren westlichen Vorstellungen entwickelt haben – so zum Beispiel in Polynesien, in Kenia oder in Brasilien.[31] Offenbar handelt es sich um einen grundlegenden Trieb, der nicht nur Menschen vorbehalten ist, schließlich müssen sich auch Tiere fortpflanzen.

Sexuelle Lust ist schwer zu kontrollieren, sie kann uns in allen möglichen Situationen überfallen, und sie ist im Allgemeinen nicht auf einen bestimmten Menschen beschränkt. Vor allem nicht bei Männern, aber auch nicht bei Frauen. Gewisse Unterschiede zwischen Männern und Frauen gibt es zudem bei den Reizen, die sexuelle Lust auslösen. Bei Männern spielen visuelle Reize eine wichtige Rolle; bei Frauen scheinen Gefühle, Bindungen und auch die Vertrautheit mit einem bestimmten Partner von größerer Bedeutung zu sein.[32]

Dabei handelt es sich nur um statistische Unterschiede zwischen Gruppen von Männern und Gruppen von Frauen: Jeder einzelne Mann und jede einzelne Frau kann hiervon abweichen. Und abgesehen davon haben wir es mit einer Momentaufnahme zu tun: Auch unsere sexuellen Vorlieben sind kulturellen und sozialen Einflüssen unterworfen – in welchem Maße, das ist bislang noch nicht so ganz klar. In jedem Falle haben sie sich im Laufe der Geschichte immer wieder gewandelt, und es ist anzunehmen, dass sie dies auch in Zukunft tun werden.

Auf der anderen Seite ist schwer zu bestreiten, *dass* es angeborene Unterschiede zwischen Männern und Frauen gibt – wie übrigens auch *unter* Männern und *unter* Frauen. Männer haben beispielsweise Probleme dabei, Kinder auszutragen. Frauen tun sich da wesentlich leichter; und auch beim Stillen sind Frauen klar im Vorteil. Schließlich sind ihre sprachlichen Fähigkeiten üblicherweise etwas besser. Weitere Unterschiede sind nicht schwer zu finden – doch: Ist das schlimm? Ich glaube nicht. Unterschiede, auch Unterschiede zwischen Männern und Frauen, sind für sich genommen nichts Schlechtes. Im Gegenteil: Unsere Welt wäre furchtbar langweilig, wenn wir alle gleich aussähen, gleich fühlen und uns gleich verhalten würden. Problematisch wird die Sache erst dann, wenn aus solchen objektiv bestehenden Unterschieden verschiedenartige Bewertungen, Ansprüche oder gar Rechte abgeleitet werden. Damit wäre die Grenze zur Diskriminierung überschritten und der Gleichheitsgrundsatz verletzt. Das wäre in der Tat verwerflich. Doch um das zu vermeiden, braucht man nicht faktisch bestehende Unterschiede zu bestreiten – man muss einfach nur den Schritt zur Diskriminierung unterlassen.

Man sollte also die Fakten so nehmen, wie sie sind, und gleichzeitig deutlich machen, dass aus eventuellen Unterschieden keinerlei Begründung für irgendwelche Bevorzugungen oder Benachteiligungen abzuleiten sind – nicht für Frauen und auch nicht für Männer. Ganz abgesehen davon, dass die Unterschiede keineswegs spektakulär sind und individuelle Abweichungen zulassen. Selbst wenn Frauen statistisch bessere sprachliche Fähigkeiten als Männer haben, gibt es immer noch genug einzelne Männer, die besser sprechen als einzelne Frauen.

Doch kommen wir zurück zum Thema Liebe und Sex. Unser sexuelles Verlangen wird stark durch Hormone beeinflusst. Eine zentrale Rolle spielt dabei das Testosteron – vor allem bei Männern, aber auch bei Frauen. Männer und Frauen haben beispielsweise weniger sexuelle Phantasien, masturbieren seltener und haben weniger sexuelle Beziehungen, wenn ihr Testosteronspiegel sinkt.[33] Das Wesen der Sexualität, worin auch immer es bestehen mag, ist zwar nicht erklärt, wenn man den Zusammenhang von sexuellem Verlangen und Testosteronspiegel erkannt hat. Aber dieses Wissen gibt uns eine Möglichkeit, mangelndes sexuelles Verlangen zu korrigieren – sofern der Wunsch danach besteht. Und außerdem vermag das Erkennen der Unterschiede zwischen Sexualität, Liebe und Bindung zu einem besseren Verständnis der Konflikte führen, die zwischen diesen Trieben entstehen können, doch dazu später.

Liebe

Sexuelle Lust ist in jedem Falle nur *ein,* wenn auch ein wichtiger Aspekt von Liebe und Liebesbeziehungen. Nicht weniger wichtig ist die romantische Liebe. Tatsächlich meinen wir meist diese romantische Liebe, wenn wir im Deutschen von »Liebe« sprechen. Wenn wir also Liebeslieder singen, wenn wir sagen, wir hätten uns verliebt oder wenn wir Liebeskummer haben – dann ist diese starke emotionale Beziehung eines Menschen zu einem anderen gemeint. Und zwar nur zu *einem* anderen: Sexuell attraktiv kann man mehrere Menschen finden, starke Bindungen kann man mit seinen Kindern, seinen Eltern und seinen Freunden haben – aber richtig verliebt ist man normalerweise nur in *den* oder *die* eine, in Mr. oder Ms. Right. Und diese Person dominiert die eigenen Wünsche, Gefühle und Gedanken – oder besser gesagt: Unsere Liebe zu dieser Person dominiert uns, und zwar nicht nur unsere Gefühle, sondern auch unseren Verstand. Wer liebt, der trägt eine rosa Brille und sieht nur die positiven Seiten des Geliebten. Man will ständig mit ihm zusammen sein, und das beileibe nicht nur in platonischer Distanz: Romantische Liebe schließt normalerweise den Wunsch nach Sexualität ein. Darüber hinaus ist man bereit, sich dem oder der Geliebten zuliebe zu verändern. Ja, es kommt oft genug vor, dass wir die Kontrolle über uns selbst und über unser Leben verlieren. Wir machen Dinge, die wir sonst nie getan hätten, und fühlen uns noch nicht einmal schlecht dabei, solange es dem Geliebten gefällt oder eine größere Nähe zu ihm herstellt. Und wenn es Hindernisse gibt, führen sie allenfalls dazu, dass sich die Anziehungskraft noch verstärkt.

Steuern lässt sich die Liebe kaum – sie geht und kommt, wann sie will, und sie ergreift uns mit Haut und Haaren, macht uns euphorisch, wenn alles gutgeht, und zu Tode betrübt, wenn irgendetwas nicht stimmt. Tatsächlich führt romantische Liebe zu einer Art von Abhängigkeit: So gaben in einer Umfrage knapp siebzig Prozent der befragten Männer und immerhin noch fast sechzig Prozent der befragten Frauen an, der eigene Gefühlszustand hänge davon ab, wie der oder die Geliebte zu einem steht. Wehe, wenn der Geliebte nicht so reagiert, wie man es erwartet, wenn er sich zurückzieht oder gar die Beziehung abbricht. In diesem Falle ist die Verzweiflung genauso groß wie die Euphorie zuvor. Wie schon erwähnt, hat Liebe etwas von einer Sucht. Unerfüllte Liebe ruft Entzugserscheinungen hervor, die denjenigen ähneln, die auftreten, wenn ein Süchtiger auf sein Suchtmittel verzichten muss. Und tatsächlich haben wir ja bereits gesehen, dass das Empfinden von Liebe, wie viele andere soziale Emotionen auch, unter anderem auf der Aktivität von körpereigenen Opiaten beruht.[34]

Romantische Liebe gibt es nicht nur in westlichen Kulturen, erst recht ist sie keine neuere Erfindung oder Entwicklung. Die starken individualistischen Tendenzen, die die heutigen Gesellschaften westlichen Typs mit ihrem großen Respekt vor den

Bedürfnissen und Besonderheiten des Einzelnen prägen, mögen das Ausleben romantischer Liebe begünstigen – erzeugt haben sie diese sicher nicht. Romantische Liebe ist ein universelles Phänomen, auch wenn die konkreten Erscheinungsformen der Liebe von Kultur zu Kultur unterschiedlich sein mögen.[35]

So spielen in asiatischen Kulturen, insbesondere in weniger entwickelten Ländern, soziale Verpflichtungen und Loyalitäten eine größere Rolle als im Westen. In diesen Ländern steht ein eher pragmatisches Verhältnis zu Liebe und Ehe im Vordergrund. Hochzeiten gehen in diesen Kulturen oft nicht auf die Liebe zwischen den künftigen Ehepartnern, sondern auf ein Arrangement der beteiligten Familien zurück.[36] Auch die Rücksichtnahme auf andere Menschen spielt eine wesentlich größere Rolle, während in liberalen westlichen Gesellschaften eher die Erwartung besteht, dass die Gemeinschaft Platz lässt für die individuellen Entscheidungen und Vorlieben ihrer Mitglieder.[37]

Die Liebe hat aber auch ihre destruktiven Seiten. Oft genug hat sie auch Ehen zerbrochen, Freundschaften zerstört, unglücklich Verliebte in die Verzweiflung und Familien ins Verderben getrieben, Kriege ausgelöst und ganze Königreiche ruiniert. Wie kann man erklären, dass innerhalb der Entwicklungsgeschichte der Menschheit eine derartige Verhaltensweise entstanden ist und sich erhalten konnte – obwohl sie ein solches Maß an Durcheinander und Kontrollverlust mit sich bringt? Die plausibelste Erklärung lautet, dass die romantische Liebe mit ihrer Fokussierung auf eine einzige Person Bindung generiert und stabile und exklusive Paarbeziehungen ermöglicht. Sie bildet damit eine wichtige Voraussetzung für die Aufzucht von Nachwuchs, der – wie dies bei Menschen der Fall ist – für vergleichsweise lange Zeit auf die Hilfe seiner Eltern angewiesen ist. Und offenbar wiegt dieser Vorteil aufs Ganze gerechnet die vielen destruktiven Seiten auf.

Irgendwann sind die Stürme der Leidenschaft nämlich auch vorbei – romantische Liebe dauert nicht ewig. Wie lange genau, ist nicht leicht herauszufinden. Die Übergänge sind viel zu subtil, und vielleicht will sich auch nicht jeder Befragte eingestehen, dass das erste Feuer längst vorüber ist. Doch selbst wenn dies so ist, bedeutet es noch lange nicht das Ende einer Beziehung. Ganz im Gegenteil: Wenn alles gutgeht, dann tritt an die Stelle der romantischen Liebe früher oder später eine feste Bindung, nicht ganz so wild und aufregend, aber dafür viel dauerhafter und verlässlicher. Damit wären wir bei der dritten Art von Liebe, der Bindung.

Die schwer kontrollierbare Leidenschaft der romantischen Liebe kann sich zu einer stabilen Beziehung entwickeln, die wesentlich besser vereinbar ist mit all den anderen Zielen und Wünschen eines Menschen. Bindung ist die wichtigste Voraussetzung für eine stabile Liebesbeziehung. Bindungen gibt es aber nicht nur zu dem eigenen Partner, sondern auch zu Freunden, Verwandten und Kindern – auch wenn diese sich in vielen Hinsichten von der Bindung in einer Liebesbeziehung unterscheiden. Die wichtigste Differenz besteht darin, dass Bindung im Allgemeinen nur innerhalb von Liebesbeziehungen mit Sexualität verbunden ist und andere ähnliche Beziehungen ausschließt. Freunde und Verwandte hat man dagegen mehrere, ohne dass diese Beziehungen einander in die Quere kommen müssen.

Natürlich gibt es auch diese Vorstellung von Bindung nicht nur im Westen. Ganz wie die Unterscheidung von romantischer Liebe und Sexualität ist auch die zwischen romantischer Liebe und Bindung in sehr vielen unterschiedlichen Sprachen gang und gäbe. Beispiele hierfür finden sich bei den Buschmännern in der Kalahari-Wüste oder bei den Taita in Südost-Kenia, die zwischen der romantischen Liebe als einer Form der Verrücktheit und der Bindung als einer tiefen, dauernden Beziehung unterscheiden; sie finden sich in Brasilien oder in Korea, wo zwischen »sarang«, einer Art romantischer Liebe, und »chong«, einer Form der Bindung, unterschieden wird.[38]

Tatsächlich handelt es sich bei der Bindung auch um einen eigenständigen Trieb, bei dem zwei Hormone eine zentrale Funktion haben, das Oxytocin und das Vasopressin. Sie sind zudem von entscheidender Bedeutung bei der Geburt sowie bei der Bindung zwischen Eltern und Kindern. Die Bindung ist entwicklungsgeschichtlich von Bedeutung, da sie, wie gesagt, bei der Aufzucht der Nachkommen eine entscheidende Rolle spielt: Weil Kinder über eine sehr lange Zeit hinweg auf die Unterstützung durch ihre Eltern angewiesen sind und die Aufzucht vor allem in früheren Zeiten von einem Elternteil alleine kaum zu bewältigen war, ist eine dauerhafte Bindung zwischen den Eltern unerlässlich – ansonsten wäre das Überleben der Kinder gefährdet. Und Eltern, deren Kinder nicht überleben, können auch ihre Gene nicht an zukünftige Generationen weitergeben.

Noch einmal: Der Bezug auf Neurobiologie und Evolutionstheorie enthüllt uns nicht das »Wesen« von langandauernden Liebesbeziehungen. Wir erfahren damit nur etwas über die Mechanismen, die den entsprechenden Empfindungen und dem dazugehörigen Verhalten zugrunde liegen, und wir können abschätzen, warum sich dieses Verhalten innerhalb der Entwicklungsgeschichte der Menschheit herausgebildet hat – mit all der Unsicherheit, die solche Abschätzungen mit sich bringen. Unnötig zu sagen, dass wir dabei nichts darüber erfahren, ob Bindungen gut sind oder nicht. Ob eine feste Bindung Eltern und Kindern guttut, ist völlig unabhängig davon, dass wir die zugrundeliegenden neuronalen Prozesse verstehen oder das Verhalten auf die Evolution zurückführen können. Es gibt eine ganze Menge von moralisch verwerflichen Verhaltensweisen, die wir mühelos evolutionsbiologisch zu erklären vermögen, ohne dass sie damit irgendetwas von ihrem verwerflichen Charakter verlieren würden: Vor allem Mord, Totschlag und Aggressivität gehören hierzu.

Außerdem zeigt die Rückführung des Bindungsverhaltens auf unsere Gene nicht etwa, dass uns hier keine Wahl mehr bliebe. Gene determinieren unser Verhalten nicht, sie rauben uns nicht unsere Freiheit: Auch die menschliche Fähigkeit zu freiem und selbstbestimmtem Handeln ist ein Produkt der Evolution. Gene stellen immer nur einen von vielen Einflussfaktoren dar. Selbst wenn die Neigung, langfristige Bindungen auszubilden, angeboren ist, heißt dies nicht, dass sie bei jedem Individuum ausgebildet wird. Und selbst wenn dies geschieht, kann man sie, wie jede andere Neigung auch, überwinden. Und wer das nicht kann, hat in der Regel immer noch die Wahl zwischen unterschiedlichen Partnern. Wie die Wahl ausfallen sollte und ob vielleicht doch eine Überwindung der Neigung geboten ist oder nicht, muss man selbst herausfinden – die Evolutionsbiologie hilft dabei herzlich wenig.

Hilfreich könnte es allerdings sein, mehr darüber zu wissen, welche Konsequenzen solche Bindungen für die Entwicklung von Kindern haben; auf diesen Punkt möchte ich weiter unten eingehen. Zudem können Neurobiologie und Evolutionstheorie uns dabei helfen, die Konflikte zwischen unseren Trieben besser zu verstehen. Einer der Gründe besteht in der Unabhängigkeit zwischen diesen Trieben: Sie haben nicht nur unterschiedliche Funktionen, vielmehr liegen ihnen auch unterschiedliche neuronale Mechanismen zugrunde, außerdem sind sie in verschiedenen Phasen der Evolution entstanden. Ich hatte oben versucht, dies in Wittgensteins Bild der alten Stadt zu erfassen. All diese Unterschiede können dazu führen, dass Liebe, Lust und Bindung einander in die Quere kommen – und sie tun dies oft genug. So schützt eine feste Bindung an einen langjährigen Partner nicht davor, dass sich die beiden anderen Triebe wieder regen. Sexuelle Gelüste können wieder wach werden, und die richten sich möglicherweise auf eine oder gar mehrere andere Personen. Genauso kann es passieren, dass man sich unsterblich verliebt, obwohl man sich in einer festen Beziehung befindet. Jeder kennt solche Fälle, meist aus eigener Erfahrung.

Bindung bei Kindern

Wie bereits mehrfach betont, entstehen soziale Bindungen nicht nur innerhalb von Liebesbeziehungen. Jeder von uns hat solche Bindungen zu Freunden, den Kindern, zu seinen Eltern und zu anderen Verwandten. Derartige Bindungen sind für praktisch jeden Menschen von großer Bedeutung – selbst Einsiedler sind darauf angewiesen, dass sie von ihren Anhängern in der Wüste besucht und dort möglichst auch bewundert werden. Völlig unverzichtbar sind solche Bindungen aber bei Kindern in ihren ersten Lebensjahren. Dabei geht es nicht allein um die fundamentalen Bedürfnisse des Kindes nach Nahrung und Sicherheit. Vielmehr scheint eine stabile Bindung darüber hinaus von essentieller Bedeutung für die Entwicklung geistiger Fähigkeiten zu sein.

Generell entwickeln sich Kinder, die eine funktionierende Bindung besitzen, wesentlich besser als Kinder, die unsicher oder gar nicht gebunden sind. Deshalb erlaubt die Qualität der Bindung schon sehr früh recht gute Voraussagen über die späteren Fähigkeiten von Kindern. Man kann aufgrund der jeweiligen Art der Bindung recht zuverlässig vorhersagen, wie Kinder später Probleme zu lösen versuchen, wie sie sich in einer Gruppe verhalten oder wie sie mit ihren Affekten umgehen werden. Um keine Missverständnisse zu wecken: Bindung ist nicht der einzige Faktor, der sich auf die Entwicklung von Kindern auswirkt – Erziehung und Anlagen spielen ebenfalls eine wichtige Rolle. Dennoch verdient Bindung besondere Aufmerksamkeit, weil sie – anders als die genetische Ausstattung – von uns beeinflusst werden kann.[39]

Natürlich dauert es eine ganze Weile, bis die problematischen Konsequenzen von Bindungsstörungen sichtbar werden. Aus Untersuchungen an Säugetieren, die in Gruppen leben, weiß man mittlerweile, dass solche Störungen verschiedene Phasen durchlaufen – es ist anzunehmen, dass man diese Erkenntnisse in einem gewissen Maße auch auf Kinder übertragen kann. Handelt es sich um eine kurzzeitige Trennung, dann protestieren junge Säugetiere zunächst. Sie werden unruhig, durchsuchen die Umgebung, beginnen zu schreien; außerdem steigen Puls und Körpertemperatur, und Stresshormone werden ausgeschüttet. Bleibt die Trennung länger bestehen, dann zeigen die Jungen regelrechte Verzweiflungsreaktionen, die schon resignative Züge tragen können – hier gibt es deutliche Parallelen zu den Reaktionen von Kindern. Generell kommt es zu einem Absinken der Aktivität, die Körpertemperatur geht herunter, was auf die Dauer auch mit einer verminderten Aufnahme von Sauerstoff und Wasser verbunden ist; außerdem verlieren die Jungen an Gewicht. Diese Reaktionen verstärken sich, wenn es häufiger zu solchen Trennungen kommt.

Auf die Dauer führt die Trennung zu dem sogenannten Isolationssyndrom. Das umfasst eine ganze Reihe von Störungen, die sich sowohl im äußeren Verhalten wie auch an körperlichen Funktionen beobachten lassen. Betroffene Tiere haben es schwerer, in einer Gruppe zu leben. Sie können zum Beispiel den Gesichtsausdruck anderer Gruppenmitglieder nicht richtig deuten, und auch ihre Fähigkeit, einen Partner zu finden oder Nachwuchs aufzuziehen, ist beeinträchtigt. Weibliche Tiere mit dieser Störung tendieren dazu, ihren Nachwuchs zu vernachlässigen, im schlimmsten Falle töten sie ihn sogar. Außerdem neigen solche Tiere dazu, ihren eigenen Körper zu schädigen. Sie beißen sich selbst, schlagen mit dem Kopf gegen die Wand oder stechen sich gar die Augen aus. Hinzu kommen Ernährungsstörungen, eine höhere Anfälligkeit für Stress sowie andere Beeinträchtigungen ihrer geistigen Fähigkeiten.[40]

Diese Symptome können später zwar gemildert werden, völlig beseitigen lassen sie sich aber nicht. Es kommt hinzu, dass die Defizite von einer Generation auf die nächste übertragen werden können. Mütter, die selbst keine sichere Bindung erlebt haben, können aufgrund der damit verbundenen Störung ihrer sozialen Fähigkeiten oft auch ihrem eigenen Nachwuchs keine sichere Bindung geben.

Mittlerweile wissen wir einiges über die neuronalen Mechanismen, die solchen Störungen zugrunde liegen. Eine wichtige Rolle spielt dabei das schon erwähnte Oxytocin, ein Hormon, das allgemein eine wichtige Rolle für Bindung und Vertrauen spielt. Versuchspersonen, denen man Oxytocin verabreicht hatte, zeigten zum Beispiel in einem Gewinnspiel eine wesentlich höhere Bereitschaft, anderen Menschen zu vertrauen – wohlgemerkt: anderen *Menschen*. Spielten sie mit Computern, dann trat dieser Effekt nicht ein.[41]

Entscheidend ist, dass der Nachwuchs von Müttern, die sich intensiv um ihre Jungen gekümmert haben, seinerseits besonders intensiv auf dieses Hormon reagiert. Er wird daher später die Tendenz haben, den eigenen Nachwuchs stärker zu umsorgen. Junge dagegen, die selbst keine echte Bindung erfahren haben, sprechen weniger intensiv auf Oxytocin an – sie werden dazu neigen, sich weniger stark um den eigenen Nachwuchs zu kümmern und damit auch diese Eigenschaft weitergeben. Störungen des Bindungsverhaltens können sich also über mehrere Generationen fortpflanzen.

Nun könnte man argumentieren, dass diese grausamen Konsequenzen nur in Extremfällen eintreten, wie sie allenfalls im Labor vorkommen – nicht jedoch unter halbwegs normalen menschlichen Lebensumständen. Lassen sich diese Befunde also wirklich auf Menschen übertragen? Unmittelbar natürlich nicht, aber schon die oben erwähnten Studien über die Konsequenzen unsicherer Bindung für die sozialen und geistigen Fähigkeiten von Kindern zeigen, dass hier ein recht enger Zusammenhang besteht. Glücklicherweise werden Kinder praktisch nie so isoliert, wie dies zuweilen mit Tieren in Laborexperimenten geschieht. Doch daraus kann man eben nicht schließen, dass die Ergebnisse nicht übertragbar sind. Ganz ähnliche Konsequenzen kann man nämlich schon bei einer teilweisen Isolation beobachten, und die kommt auch bei Menschen vor.

Alles deutet darauf hin, dass soziale Lebewesen wie Menschen nicht nur in ihrer körperlichen, sondern auch in ihrer geistigen und emotionalen Entwicklung ganz fundamental auf Beziehungen angewiesen sind. Bei uns Menschen kommt der frühkindlichen Bindung dabei eine ganz zentrale Bedeutung zu. Wenn wir erst einmal älter geworden sind, sind wir wesentlich besser in der Lage, zumindest eine Weile alleine zu leben. Unsere sozialen Fähigkeiten haben in jedem Fall einen ganz basalen Charakter. Die Hirnstrukturen, die hierfür verantwortlich zeichnen, sind vergleichsweise früh in der Entwicklungsgeschichte entstanden und sie hängen eng mit emotionalen Erfahrungen und

Antrieben zusammen. Das bedeutet, dass sie nur in einem eingeschränkten Maße durch unser bewusstes Denken und Handeln zu steuern sind – auch das erklärt, warum Defizite, die in der frühen Kindheit entstanden sind, später selbst bei besten Vorsätzen nur schwer wieder aufgeholt werden können.

Was passiert, wenn wir ausgeschlossen werden

Bindung ist eine der wichtigsten Strategien, die den Zusammenhalt sozialer Gruppen sichern. Eine andere ist der Ausschluss von Gruppenmitgliedern. Das erscheint nur auf den ersten Blick paradox. Einzelne Mitglieder vermögen nämlich den Zusammenhalt einer Gruppe so stark zu belasten, dass die Einbindung unmöglich wird und der Ausschluss als der einzige Ausweg erscheinen mag. So etwas gibt es in Kegelvereinen ebenso wie in Schulen, religiösen Gemeinschaften, aber auch in Staaten. Der heute für diesen Vorgang gebräuchliche Ausdruck »Ostrazismus« stammt aus dem alten Athen. Ursprünglich bezeichnete er das Scherbengericht, mit Hilfe dessen die Bürgerversammlung unliebsame Bürger für zehn Jahre der Stadt verweisen konnte.

Aus der Sicht des betroffenen Individuums ist der Ausschluss aus einer Gruppe in der Regel ein einschneidendes, schreckliches Ereignis. Jeder kennt die Erfahrung: Wenn Kinder nicht mit einem spielen wollen, wenn man einer Clique nicht cool genug erscheint, oder wenn man von einem Fußballverein ausgeschlossen wird, weil man die Mitgliedsbeiträge nicht rechtzeitig bezahlt hat. Das ist alles andere als angenehm, aber man kann es überleben.

Viel schwerer sind die Konsequenzen, wenn man von einer

Gruppe ausgeschlossen wird, von der die eigene soziale Existenz abhängt. Illustrieren lässt sich dies an den Akten eines Gerichtsprozesses, in dem es um die Exklusion eines Mitglieds der Amish ging. Die Amish sind eine protestantische Glaubensgemeinschaft, die ursprünglich aus dem deutschsprachigen Raum stammt. Heute leben ihre Mitglieder überwiegend in den USA und Kanada und haben sich dort eine sehr traditionelle, bäuerliche Lebensweise bewahrt. Hierzu gehören unter anderem die Beibehaltung traditioneller Familienstrukturen, das Tragen einer alten Tracht und der Verzicht auf Autos – die Amish benutzen stattdessen auch heute noch Pferdekutschen.

Diese weitgehenden Eingriffe in das Privatleben werden durch Sanktionen bekräftigt, zu denen eine Art Ostrazismus gehört, der bei den Amish »Meidung« heißt. Genau diese Meidung war Gegenstand eines Gerichtsprozesses, der 1947 im amerikanischen Bundesstaat Ohio stattfand. Andy Yoder, ein ehemaliges Amish-Mitglied, hatte in diesem Prozess auf ein Ende der Meidung und einen Schadensersatz von 40 000 Dollar geklagt. Yoder war Vater von sieben Kindern, von denen eines aufgrund einer schweren Erkrankung zweimal wöchentlich in einer knapp fünfundzwanzig Kilometer entfernten Stadt behandelt werden musste. Da diese Reise mit einer Pferdekutsche nicht zu bewältigen war, hatte Yoder sich – gegen die Regeln der Amish – ein Auto gekauft. Außerdem hatte er aus Furcht vor den Konsequenzen dieser Regelverletzung seine ursprüngliche, sehr traditionelle Gemeinschaft verlassen und sich einer liberaleren Gruppe der Amish angeschlossen.

Doch seine ursprüngliche Gruppe hatte dennoch den Bann über ihn verhängt – mit schwerwiegenden Konsequenzen: Yoders Nachbarn durften ihm nicht mehr beim Pflügen oder bei der Ernte helfen oder Reparaturen für ihn übernehmen, ja, sie durften noch nicht einmal mehr mit ihm sprechen – andernfalls hätte die Meidung auch sie getroffen. Zum Zeitpunkt des Prozesses war der Bann bereits seit fünf Jahren in Kraft und hatte Yoders Farm ebenso ruiniert wie seine Gesundheit.

Die angeklagten Repräsentanten der Amish, ein Bischof, zwei Prediger und ein Diakon, verteidigten sich damit, dass sie nur ein göttliches Gebot ausgeführt hätten, so wie es in dem aus dem 17. Jahrhundert stammenden Bekenntnis der Amish festgehalten ist. Pikanterweise ließen sie selbst sich in einem Mietwagen zum Gericht fahren – verboten war nämlich nur der *Kauf* von Autos, nicht aber deren *Anmietung*. Nicht nur wegen dieses Mangels an Konsequenz ließ sich das Gericht von den göttlichen Geboten nicht sonderlich beeindrucken. Es verurteilte die Verantwortlichen dazu, den Bann aufzuheben; außerdem mussten sie Schadensersatz zahlen. Geholfen hat es nicht viel: Ein Jahr nach dem Prozess starb Yoders Tochter, und auch einer der Prediger sowie der Bischof der Amish überlebten den Prozess nur kurze Zeit.[42]

Diese Geschichte zeigt, wie schwerwiegend die Folgen eines Gruppenausschlusses sein können. Einen Beweis kann die Geschichte natürlich nicht liefern. Doch auch überprüfbare Experimente zeigen, dass Ostrazismus gravierende Konsequenzen haben kann. Die beginnen schon damit, dass Betroffene mit schmerzähnlichen Symptomen reagieren.[43] Offenbar hat die Zugehörigkeit zu einer Gruppe für uns eine ähnliche Bedeutung wie die Integrität unseres Körpers. Der Schmerz liefert uns in beiden Fällen ein ziemlich starkes Motiv, unseren Körper vor Verletzungen zu bewahren beziehungsweise unserer Gruppe möglichst keinen Anlass zu liefern, uns auszuschließen. Schließlich ist nicht nur unser Wohlergehen, sondern im Extremfall sogar unsere bloße Existenz ohne ihren Schutz gefährdet.

Welche besondere Bedeutung das Gruppenleben hat, können Experimente illustrieren, die Gonsalkorale und Williams vor einigen Jahren gemacht haben. Schon aus früheren Untersuchungen war bekannt, dass wir den Ausschluss aus einer Gruppe selbst dann als schmerzhaft erleben, wenn sich dahinter kein böser Wille, keine Absicht und auch keine Abwertung der eigenen Person verbergen. Wir reagieren selbst dann so, wenn der Ausschluss auf die Fehlfunktion eines Computers zurückgeht oder wenn wir nur von Computern aus einem »Spiel« ausgeschlossen werden.[44]

Was aber passiert, wenn wir aus einer Gruppe ausgeschlossen werden, der wir um alles in der Welt *nicht* angehören wollen? Spätestens dann sollte der Stress zu Ende sein – oder? Genau diese Frage stellten sich Gonsalkorale und Williams. In ihrem Experiment wurden die Versuchspersonen von einer Gruppe ausgeschlossen, von der sich jeder halbwegs vernünftige Mensch fernhält – dem Ku-Klux-Klan, einer rassistischen Organisation, die im Süden der USA aktiv war und die Unterdrückung und Terrorisierung schwarzer Amerikaner zum Ziel hatte.[45]

Die Experimentatoren stellten zunächst sicher, dass ihre Versuchspersonen tatsächlich keine Sympathien für den Ku-Klux-Klan empfanden. In einer Bedingung spielten die Versuchspersonen dann ein Computerspiel mit Mitgliedern des Ku-Klux-Klan; in den beiden anderen Bedingungen spielten sie mit Mitgliedern einer Gruppe, mit der sie sympathisierten, beziehungsweise einer rivalisierenden Gruppe. In allen drei Bedingungen wurden die Versuchspersonen sehr schnell von ihren Mitgliedern ausgeschlossen – doch wie sah die Reaktion aus? Eigentlich wäre zu erwarten, dass es viel schlimmer ist, von einer Gruppe ausgeschlossen zu werden, mit der man sympathisiert, als von einer Gruppe, mit der man gar nichts zu tun haben will. Tatsächlich aber waren die negativen Reaktionen unmittelbar nach dem Ausschluss in allen Fällen gleich. Erst nach einer gewissen Zeit nahm der Stress, der durch den Ausschluss von dem Ku-Klux-Klan-Spiel verursacht wurde, ab. Es dauerte also eine ganze Weile, bis es den Versuchspersonen gelungen war, die Kontrolle über ihre eigene Reaktion zurückzugewinnen.

Warum haben die eigenen Wünsche und Überzeugungen einen so geringen Einfluss auf die eigenen Reaktionen? Warum lässt es uns nicht einfach kalt, wenn Leute, die wir ohnehin verachten, uns links liegenlassen? Wahrscheinlich liegt dies daran, dass wir es hier wieder mit einem ganz basalen Mechanismus zu tun haben, der die Stabilität von Gruppen sichern soll. Und dieser Mechanismus ist einfach so fundamental, dass er durch unsere bewussten Überzeugungen nicht kontrolliert werden kann – wir können schließlich auch unseren Puls oder Blutdruck nicht nach Belieben verändern.[46] Fundamental ist dieser Mechanismus, weil die Zugehörigkeit zu einer Gruppe für unsere Vorfahren lebenswichtig war. Ob sie die Auffassungen der fraglichen Gruppe teilten oder nicht, spielte da nur eine ziemlich untergeordnete Rolle. Vergleichen lässt sich der hier wirksame Mechanismus mit einem Reflex. Der wartet ebenfalls nicht auf unsere bewussten Entscheidungen. Ähnliches gilt für bestimmte Phobien: Prüfungsangst hat man auch dann, wenn man genau weiß, dass man bestens vorbereitet ist.

Der Ostrazismus bietet somit auch einen weiteren Beleg für die Behauptung, dass die Natur uns auf ein Leben in einer Gemeinschaft vorbereitet hat: Er liefert einzelnen Individuen ein starkes Motiv, sich an eine Gruppe zu binden; umgekehrt gibt er Gruppen die Möglichkeit, einzelne Individuen auszuschließen, wenn sie den Zusammenhalt stören. Deutlich wird hier aber auch, dass die Natur in der Wahl ihrer Mittel nicht gerade zimperlich ist. Wenn es um den Bestand der Gruppe geht, dann nimmt sie die Schädigung und sogar den Tod einzelner Individuen in Kauf. Möglich, dass dies unvermeidlich war in den Perioden unserer Entwicklungsgeschichte, in denen sich unsere sozialen Fähigkeiten ausgebildet haben. Heute verfügen wir über eine Vielzahl anderer Möglichkeiten, um angemessen zu reagieren, wenn ein Individuum das Zusammenleben einer Gruppe stört. Die Verantwortung für unsere Reaktion liegt auch in diesem Falle ganz bei uns – und wir sollten ihr so weit wie eben möglich gerecht werden.

Emotionen spielen also eine wichtige und unverzichtbare Rolle in unserem Sozialleben. Dies liegt unter anderem an der Macht, die sie über uns ausüben: Sie bestimmen unser Verhalten, ob wir es wollen oder nicht, ja oft, ohne dass wir es überhaupt bemerken. Das ist die Stärke, aber auch die Schwäche von Emotionen. Nicht zuletzt weil sie unabhängig von unseren Wünschen und Überzeugungen wirken, bringen sie Stabilität in unser Verhalten. Das beste Beispiel hierfür sind dauerhafte Bindungen und Liebesbeziehungen, die oftmals unser ganzes Leben bestimmen. Doch gerade diese Stabilität von Gefühlen und ihre Unabhängigkeit von unseren Überzeugungen sind gleichzeitig auch ein Manko. Emotionen veranlassen uns nämlich oft genug zu Handlungen, die wir gar nicht wollen und die möglicherweise völlig widersinnig sind. Eifersucht ist ein gutes Beispiel dafür, Flugangst oder – wie eben gesehen – der Ostrazismus illustrieren dies kaum weniger gut. Warum fürchten wir uns vor dem Fliegen, wenn wir doch genau wissen, dass Flugzeuge zu den sichersten Verkehrsmitteln gehören?

Unser Denken haben wir im Allgemeinen viel besser im Griff: Wenn uns jemand gute Gründe nennt, warum Flugzeuge sicherer sind als Autos, dann fällt es uns nicht schwer, unsere Meinung gegebenenfalls entsprechend zu ändern. Auch worüber wir nachdenken oder nicht, können wir ganz gut bestimmen.

Abgesehen davon sind wir in unserem Denken wesentlich flexibler als in unseren Gefühlen. Letztere stellen eine Art von Verhaltensprogramm dar. Sie sind in der Evolution vor vielen Zehntausend, manchmal vor vielen Millionen Jahren entstanden, um bestimmte lebenswichtige Funktionen sicherzustellen. Wir spüren Schmerz, um uns vor Verletzungen zu schützen, Liebe sichert die Bedingungen für unseren Nachwuchs, Ekel hält uns von verdorbener Nahrung fern, und Furcht bewahrt uns vor allzu großen Risiken. Und all das geschieht, egal, ob wir es wollen oder nicht, und egal, ob diese Verhaltensprogramme unseren heutigen Lebensbedingungen noch entsprechen.

Unsere Gedanken können solche emotionalen Widersprüche erkennen und dabei helfen, uns in praktisch beliebigen Umständen halbwegs angemessen zu verhalten. Dem sozialen Denken kommt daher eine große Bedeutung zu – vor allem wenn es um die Anpassung an veränderte Lebensumstände geht. Und diese Anpassung ist unvermeidlich in modernen Industriegesellschaften, die sich ständig weiterentwickeln.

Doch gibt es überhaupt so etwas wie ein spezifisches *soziales* Denken? Gemeint ist damit vor allem die Fähigkeit, sich in die Lage anderer zu versetzen, also ihre Gedanken, Gefühle und Absichten zu verstehen. Handelt es sich hier wirklich um eine spezifische Fähigkeit oder funktioniert soziales Denken im Großen und Ganzen so wie Denken ganz allgemein? Warum sollte das geistige Handwerkszeug, das uns beispielsweise in der Auseinandersetzung mit der Umwelt gute Dienste leistet, nicht auch für unsere sozialen Beziehungen geeignet sein?

Mittlerweile spricht vieles dafür, dass dies nicht so ist. Offenbar besitzen wir, wie oben schon kurz erwähnt, ein ganzes Bündel spezialisierter Fähigkeiten, die nur teilweise unserer bewussten Kontrolle unterliegen – hier gibt es gewisse Berührungspunkte mit unseren sozialen Emotionen. Vermutlich fällt es uns nur dank dieser oft fast automatisch ablaufenden Prozesse so leicht, uns in einer Gesellschaft zu bewegen und dabei die Gedanken und Gefühle anderer zu erfassen. Und vermutlich ist genau das auch der Grund dafür, dass schon sehr kleine Kinder hier über beachtliche Fähigkeiten verfügen.

Auf den ersten Blick erscheint es nämlich relativ kompliziert, etwas über die geistigen Prozesse anderer Menschen in Erfahrung zu bringen. Müssen wir nicht erst einmal die Situation der anderen Person erfassen, gegebenenfalls auch ihre Gestik, ihre Mimik und ihre sprachlichen Äußerungen? Und ist es nicht außerdem notwendig, auf eine Art Alltagspsychologie zurückzugreifen, die uns sagt, welche Gedanken oder Gefühle Menschen unter derartigen Bedingungen normalerweise haben? Oder uns zumindest vorzustellen, wie *wir* selbst unter diesen Bedingungen reagieren würden? Wenn wir also eine andere Person in einer Situation beobachten, in der Menschen im Allgemeinen Schmerzen empfinden würden, dann unterstellen wir, dass eben auch die beobachtete Person Schmerzen empfinden muss. Und wenn wir jemanden sehen, der die Stirn runzelt, die Augen aufreißt und sehr laut und erregt auf jemand anderen einredet, dann versuchen wir uns vorzustellen, unter welchen Bedingungen wir uns so verhalten, und kommen vermutlich zu dem Ergebnis, die andere Person müsse eben ärgerlich sein.

Doch ist das wirklich alles so schwierig? Stellen Sie komplizierte Schlussfolgerungen an, wenn Sie wissen wollen, wie jemand anderes denkt oder fühlt? Greifen Sie dabei auf eine Alltagspsychologie zurück? Manchmal, vielleicht! Dann müssen wir in der Tat intensiv überlegen, was denn mit einem unserer Mitmenschen los ist. Und es kann eine ziemlich komplizierte Sache sein, herauszufinden, was der andere denkt, fühlt oder beabsichtigt. Der Normalfall ist das allerdings glücklicherweise nicht. Schon die Phänomenologen des frühen 20. Jahrhunderts wie der deutsche Philosoph Max Scheler haben gesehen, dass mit der gerade skizzierten, ziemlich komplizierten Theorie etwas nicht stimmen kann.[47] Normalerweise müssen wir eben nicht lange beobachten und nachdenken, um herauszufinden, was andere denken, fühlen oder beabsichtigen. Normalerweise erkennen wir das einfach, und in aller Regel liegen wir damit richtig. Üblicherweise wissen selbst kleine Kinder und Tiere schon darüber ganz gut Bescheid, ohne dass sie alltagspsychologische Theorien über die geistigen Zustände anderer besäßen; genauso wenig dürften sie zu komplizierten Schlussfolgerungen in der Lage sein.

Abgesehen davon ist der Versuch, sich in die Situation eines anderen zu versetzen, eine ziemlich knifflige Sache. Strenggenommen entsprechen unsere eigenen Erfahrungen *nicht* den Beobachtungen, die wir bei anderen machen. Wenn wir uns selbst verletzen, können wir unser schmerzverzerrtes Gesicht nicht sehen, so wie wir es an anderen beobachten. Stattdessen *empfinden* wir Schmerzen; doch die entgehen uns, wenn andere sich verletzen. Das ist genau das Problem, das durch das Sich-Versetzen in die Situation eines anderen gelöst werden soll. Schließlich schreiben wir geistige Zustände in einem gewissen Maße auch Tieren wie Fischen und Vögeln zu. Die besitzen aber kaum Ähnlichkeiten mit uns; außerdem befinden sie sich nur sehr selten in Situationen, die wir selbst einmal erlebt haben.

Es spricht also eine ganze Reihe von Gründen gegen die Annahme, dass wir eine Alltagspsychologie benötigen oder von uns selbst auf andere schließen müssen, wenn wir unseren Mitmenschen oder gar Tieren geistige Zustände zuschreiben. Einige Autoren haben hieraus gefolgert, dass es so etwas wie eine direkte Wahrnehmung der geistigen Zustände anderer geben müsse: Wir könnten diese im Prinzip genauso »sehen«, wie wir ihr Verhalten beobachten. Und da Kinder und Tiere ebenfalls wahrnehmen können, sei es kein Wunder, dass auch sie anderen mentale Zustände zuzuschreiben vermögen.[48]

Ich glaube nicht, dass das stimmt. Natürlich mag es uns auf den ersten Blick so *erscheinen*, als würden wir geistige Zustände direkt wahrnehmen – ich hatte darauf oben selbst Bezug genommen. Doch das heißt nicht, dass bei dem Erkennen von geistigen Zuständen wirklich das Gleiche passiert wie bei der Beobachtung von Verhalten! Niemand zweifelt daran, dass Verhalten äußerlich sichtbar ist. Doch für Schmerzempfindungen gilt das eben nicht. Von außen beobachten können wir nur, wie jemand sich *verhält*, der Schmerzen hat, und wie sich seine Mimik und seine Gestik verändern. Die eigentliche *Empfindung* des Schmerzes dagegen können wir nicht sehen. Hier hat die betroffene Person selbst einen ganz anderen Zugang als jeder Außenstehende.

Das gilt auch dann, wenn man meint, dass bestimmte körperliche Prozesse, beispielsweise der Anstieg des Pulses, das Schwitzen und bestimmte Bewegungsmuster, regelrechter *Teil* der Schmerzempfindung sind. Sie sind *Teil* der Schmerzempfindung, aber sie machen eben nicht unsere *gesamte* Schmerzerfahrung aus! Hinzu kommt das subjektive Empfinden von Schmerzen, und das erschöpft sich nicht in körperlichen Prozessen – so wichtig diese auch sein mögen. Und wirklich beobachten, so wie man menschliches Verhalten, Sonnenuntergänge oder den Start eines Flugzeugs beobachtet, kann man eben nur diese äußeren Aspekte der subjektiven Erfahrung. Sie mögen mehr oder minder eindeutige Indizien für mentale Prozesse liefern. Doch worin auch immer diese Anzeichen bestehen: Sie müssen ausgewertet und interpretiert werden. Diese Interpretationen mögen großenteils unbewusst und automatisch geschehen, daher sind sie in einem gewissen Ausmaß auch schon kleinen Kindern und Tieren möglich. Außerdem erklärt dies unseren subjektiven Eindruck, die Empfindungen und Gedanken anderer direkt erkennen zu können. Doch das ist eben nur ein Eindruck, der zustande kommt, weil hier vieles unbewusst abläuft. Tatsächlich kann von direkter Wahrnehmung keine Rede sein.

Offenbar erfahren wir von den Wünschen, Emotionen und Überzeugungen anderer also weder durch komplizierte Theorien und Analogieschlüsse, noch können wir sie direkt wahrnehmen. Doch wie funktioniert es dann?

Empathie

Schon die alten Griechen wussten, dass wir in der Lage sind, mit anderen mitzuempfinden, uns mit ihnen zu freuen und mit ihnen zu leiden. Hierauf beruht schließlich nicht zuletzt die Wirkung vieler Kunstwerke – insbesondere die von Theaterstücken. Aristoteles hat sich ausführlich mit dieser Fähigkeit des Nachempfindens auseinandergesetzt, ebenso wie viele Theoretiker des Schauspiels nach ihm. Später hat sich die Psychologie dieser Fähigkeit angenommen. Tatsächlich spielte der Begriff der »Einfühlung« eine ganz entscheidende Rolle in der Psychologie an der Wende zwischen dem 19. und 20. Jahrhundert. Mittlerweile wissen wir dank Hirnforschung und empirischer Psychologie sehr viel mehr darüber, wie diese Einfühlung funktioniert und warum wir uns in die Perspektive anderer versetzen können.

Festzuhalten bleibt erst einmal, dass wir einen intuitiven Zugang zu den geistigen und körperlichen Zuständen unserer Mitmenschen haben und dass dieser Zugang im Wesentlichen auf Imitation und Nachvollzug basiert. Ganz gleich, ob es um

Emotionen, Handlungsabsichten oder Wahrnehmungen geht: Wir können uns vor allem deshalb so gut in die Lage anderer versetzen, weil die Beobachtung von Mitmenschen, die in einem bestimmten emotionalen oder körperlichen Zustand sind, bei uns selbst in der Regel ganz ähnliche Zustände auslöst. Wenn wir jemanden sehen, der Schmerzen empfindet, dann haben wir eine Tendenz dazu, mitzuleiden und sogar selbst Schmerzen zu empfinden. Und wenn wir jemanden beobachten, der gerade eine bestimmte Handlung vollzieht, dann haben wir eine Neigung, dasselbe zu tun.

Wie schon erwähnt haben Hirnforscher gezeigt, dass bei der Beobachtung bestimmter emotionaler Zustände bei *anderen* Personen genau *die* neuronalen Areale aktiv werden, die auch unserer *eigenen* Erfahrung dieser Zustände zugrunde liegen – weiter oben war das schon einmal von Bedeutung im Zusammenhang mit Bindung und Imitation. Wenn wir sehen, wie eine andere Person Schmerzen erleidet, dann passiert in unserem Gehirn etwas ganz Ähnliches wie bei eigenen Schmerzerfahrungen. Das Gleiche gilt für die Wahrnehmung unangenehmer Gerüche, für Berührungen und Ekelempfindungen,[49] aber auch für Handlungen und Bewegungen. Die eigene Erfahrung aktiviert die gleichen Areale wie die Beobachtung der entsprechenden Erfahrung bei anderen. Nicht weniger interessant ist es, dass bei Patienten mit Hirnschädigungen in einem der betreffenden Areale nicht nur die eigene Erfahrung, sondern auch der Nachvollzug der Erfahrung anderer beeinträchtigt ist. Patienten, die aufgrund von Hirnschäden selbst keinen Ekel mehr empfinden konnten, waren beispielsweise nicht mehr in der Lage, die entsprechenden Gesichtsausdrücke bei anderen zu erkennen. Ein Patient mit einer solchen Schädigung bezeichnete Erbrochenes gar als »köstlich«.[50]

Offenbar gibt es eine Art von »Resonanz« zwischen dem Tun

und Empfinden anderer und unserem eigenen Tun und Empfinden. Das bedeutet natürlich nicht, dass wir einfach immer das Gleiche tun und empfinden würden wie andere. Glücklicherweise ist das nicht der Fall! Aber es bedeutet, dass wir in vielen Fällen ganz unwillkürlich an dem teilhaben, was andere tun oder empfinden – auch wenn wir dabei in der Regel nicht im Zweifel darüber sind, dass all dies nicht unsere eigenen Empfindungen und Motive sind. Nur manchmal, zum Beispiel im Kino, im Theater oder beim Lesen eines Romans ist dieses Mitempfinden so stark, dass die Trauer einer fiktiven Person bei uns zu echter Trauer oder echten Tränen wird. Genauso passen wir manchmal unser Verhalten dem anderer ganz unwillkürlich an oder beginnen zu gähnen, wenn dies jemand anders tut.

All dies passiert oft genug, aber es geschieht längst nicht immer. Tatsächlich ist unser Vermögen, Anteil an den mentalen Zuständen anderer zu nehmen, bemerkenswert differenziert. Besonders schön lässt sich dies an Schmerzempfindungen demonstrieren. Obwohl unsere Schmerzen uns selbst als einheitlich erscheinen, setzen sie sich – wie schon länger bekannt – aus zwei Bestandteilen zusammen. Diese haben sich in der Evolution zu unterschiedlichen Zeiten entwickelt, sie fühlen sich jeweils ganz anders an, und sie erfüllen auch unterschiedliche Funktionen. Die eine, »affektive« Komponente des Schmerzempfindens bestimmt darüber, als wie unangenehm wir Schmerzen erfahren. Sie basiert auf Aktivitäten im Bereich des Stirnhirns und ist in der Evolution relativ früh entstanden. Die andere, »sensorische« Komponente lässt uns empfinden, wo wir uns verletzt haben und welcher Art die Verletzung ist. Sie ist später entstanden, verfügt über eigene Nervenbahnen und basiert auf Aktivität in den sensormotorischen Arealen des sogenannten Scheitellappens, oberhalb der Ohren.

Das Interessante ist, dass nicht immer beide Areale gleichermaßen aktiv werden, wenn wir Schmerzen bei anderen Personen beobachten: Achten wir eher auf das unangenehme Empfinden der anderen Person und ignorieren die Art und den Ort der Verletzung, dann reagieren wir selbst eher affektiv und die Areale im Bereich des Stirnhirns werden aktiv. Achten wir dagegen auf die konkrete Verletzung, dann werden die sensomotorischen Areale aktiviert, wir empfinden nach, welcher Art die Verletzung ist; es werden genau die Areale im Gehirn angesprochen, die dem verletzten Körperteil zugeordnet sind.

Unsere Anteilnahme hängt außerdem von dem Verhältnis zu der Person ab, die die Schmerzen erdulden muss. So konnte die in Leipzig und Berlin arbeitende Neurowissenschaftlerin Tania Singer zeigen, dass eine besonders enge Beziehung zu einer stärkeren Aktivierung der Schmerzareale des Beobachters führt. Männer zeigten diese Art Mitleid nicht, wenn jemand sie zuvor unfair behandelt hatte. Ganz im Gegenteil: Bei Männern werden in diesem Falle sogar die Belohnungsareale aktiv. Offenbar empfinden sie eine Art Genugtuung über das Leiden unfairer Mitmenschen.[51] Bei Frauen ist dies offenbar anders. Sie zeigen auch dann Mitleid, wenn die leidende Person sich zuvor ihnen gegenüber unfair verhalten hatte.

Offenbar haben wir eine gewisse Form der Kontrolle über unser Mitempfinden – auch wenn diese Kontrolle in der Regel ebenso unbewusst vonstatten geht wie das Mitempfinden selbst. Wie wichtig diese Fähigkeit ist, wird deutlich, wenn sie ausfällt. Patienten mit Schädigungen in den Arealen des Gehirns, die üblicherweise für Kontrolle und Hemmung zuständig sind, zeigen ein geradezu bizarres Verhalten, die sogenannte »Echopraxie«. Sie imitieren geradezu zwanghaft das Tun anderer. Selbst die untersuchenden Ärzte sind davon nicht ausgeschlossen.[52] Diese Beobachtung zeigt noch einmal, wie groß die Bedeutung ist, die hier ganz spezifischen Fähigkeiten zukommt, in diesem Falle lokalisiert in bestimmten Arealen vor allem im Stirnhirn, die für die Kontrolle spontaner Verhaltenstendenzen erforderlich sind. Fallen diese Areale aus, dann nützen uns auch die besten Gründe nichts: Wir können das entsprechende Verhalten dann nicht mehr unter Kontrolle bringen.

Doch kommen wir zurück zum Thema Empathie. Solange wir nicht an einer derartigen Erkrankung leiden, haben wir unser empathisches Verhalten im Allgemeinen halbwegs im Griff, auch wenn sich das meist unbewusst und automatisch vollzieht: Wir benötigen also keine großen Theorien oder Entschlüsse, um uns in die Perspektive unserer Mitmenschen zu versetzen, vielmehr scheinen wir in der Regel automatisch und ungewollt über das im Bilde zu sein, was andere fühlen und wünschen.

Doch nur weil wir zu empathischen Reaktionen in der Lage sind, müssen wir keineswegs ständig als goldherzige Mitleidsapostel durch den Alltag gehen. Unser Wissen über die Gedanken und Gefühle anderer können wir auch *gegen* diese verwenden, um sie zu täuschen oder etwas über sie zu erfahren, was sie gar nicht verraten möchten. Warum würden Pokerspieler sonst ein Pokerface aufsetzen? Abgesehen davon sind wir keineswegs gezwungen, von unserer Fähigkeit, die Wünsche, Gefühle und Gedanken anderer zu erkennen, Gebrauch zu machen – oft genug ignorieren wir einfach, was in anderen vorgeht. Das kommt im Alltag ganz normaler Menschen vor, aber es passiert auch bei grausamen Verbrechen, bei denen Menschen einander wie gefühllose Objekte behandeln.

Die Entwicklung des sozialen Denkens in der frühen Kindheit

Dass es sich bei alldem um basale Fähigkeiten handelt, zeigt sich auch daran, dass sie – oder zumindest Vorformen davon – sich schon bei sehr kleinen Kindern, zum Teil sogar bei Neugeborenen finden lassen, wie weiter oben schon beschrieben wurde. Wie ist das möglich? Voraussetzung dafür ist zunächst einmal, dass Kinder zwischen Menschen und anderen Lebewesen oder gar unbelebten Objekten zu unterscheiden vermögen – andernfalls könnten sie auf die Idee kommen, ein empathisches Verhältnis zu Steinen oder Holzklötzen zu entwickeln. Tatsächlich gibt es schon seit längerem Hinweise darauf, dass bereits Neugeborene Menschen von unbelebten Objekten unterscheiden. Neuere Studien haben konkrete Hinweise dafür erbracht, dass Babys bereits mit zwei Monaten auf Menschen anders reagieren als auf unbelebte Objekte. Bei Menschen zeigen sie wesentlich häufiger soziale Verhaltensweisen, sie lächeln oder machen sich sprachlich bemerkbar.[53] Noch interessanter ist, dass ihre Reaktion nur bei Menschen davon abhängt, ob tatsächlich eine Interaktion zustande kommt. Ist dies der Fall, dann reagieren die Kinder mit einem Lächeln oder freundlichen Lautäußerungen. Kommt die Interaktion dagegen nicht zustande, werden die Kinder sehr schnell unzufrieden. Sie wenden ihren Blick ab und reagieren mit ärgerlichen Lauten. Bei unbelebten Gegenständen fehlen solche Reaktionen: Offenbar erwarten die Kinder von vornherein nicht, dass Steine und Holzklötze auf sie ansprechen – und erst recht nicht, dass die sich von ihrem Ärger beeindrucken lassen.

Es hatte sich oben bereits herausgestellt, dass die Beobachtung von körperlichen Merkmalen eine wichtige Rolle für unsere gegenseitige Verständigung spielt. Schließlich sind der Körper und die körperlichen Bewegungen das Einzige, was wir beobachten können, wenn wir wissen wollen, was unsere Mitmenschen denken, fühlen und beabsichtigen. Insofern wäre es zu erwarten, dass kleine Kinder schon recht früh etwas mit körperlichen Bewegungen, mit Gestik und Mimik anfangen können. Und das ist in der Tat der Fall. Wie wir oben bereits gesehen hatten, sind Babys bereits kurz nach der Geburt imstande, einfache Bewegungen im Gesicht ihres Gegenübers zu erkennen und zu imitieren.

Wie genau die Beobachtungsgabe bereits in diesem frühen Alter ist, zeigt ein Experiment an fünf Monate alten Kindern. Sie können auf einem Videodisplay ihre eigenen aktuellen Beinbewegungen von den entsprechenden Bewegungen anderer Kinder unterscheiden.[54] Dazu müssen sie nicht einmal echte Videoaufnahmen ihrer eigenen Beine sehen. Es reicht, wenn man ihnen nur die Bewegungsmuster von kleinen Leuchtpunkten zeigt, die an den Gelenken ihrer Beine angebracht sind. Die Kinder vermochten ihre eigenen Bewegungen sogar dann noch zu erkennen, wenn die Bewegungsmuster der Leuchtpunkte an den Gelenken zeitlich oder räumlich verändert waren.[55] Offenbar reicht bereits ein Minimum an Informationen für die Unterscheidung aus. Erwachsene sind übrigens in der Lage, das Geschlecht einer Person zu erkennen, wenn man ihnen nur die Bewegung solcher an den Gelenken angebrachten Leuchtpunkte zeigt.[56]

Was hilft nun die bloße Fähigkeit, zwischen Menschen und anderen Objekten zu unterscheiden, wenn man damit nichts weiter anfangen kann – etwa weil man nicht weiß, dass sich Menschen anders verhalten als unbelebte Objekte? Tatsächlich können die Kinder mit dieser Unterscheidung etwas anfangen; sie kennen nämlich bereits bestimmte Besonderheiten des menschlichen Verhaltens. So zeigen sie schon sehr früh ganz unterschiedliche Reaktionsweisen, je nachdem ob sie es mit Menschen zu tun haben oder nicht. Säuglinge zeigen das schon erwähnte Imitationsverhalten beim Herausstrecken der Zunge nur bei Menschen. Beobachten sie dagegen eine ähnliche Bewegung künstlicher Objekte, machen die Kinder die jeweils *entgegengesetzte* Bewegung, und das hat offensichtlich einen Sinn: Streckt man ihnen also ein längliches Objekt entgegen, das einer Zunge ähnelt, imitieren sie diese Bewegung nicht, vielmehr öffnen sie den Mund, so als wollten sie es essen. Umgekehrt strecken sie die Zunge heraus, wenn man ihnen ein künstliches Objekt präsentiert, das einem sich öffnenden Mund ähnelt.[57]

Interessante Unterschiede lassen sich bei vier Monate alten Kindern beobachten, wenn Objekte oder Personen verschwinden. Bei Personen reagieren die Kinder nämlich mit ihrer Stimme; sehen sie dagegen, wie ein Objekt verschwindet, dann versuchen sie danach zu greifen. Schon sehr kleine Kinder können also nicht nur »irgendwie« zwischen Menschen und nichtmenschlichen Objekten unterscheiden, sondern sind vielmehr darauf eingestellt, dass sie bei Spielzeugen mit Tränen wenig auszurichten vermögen, während ihre Eltern sich sehr wohl von diesem Mittel beeindrucken lassen.

Kleine Kinder haben zudem bemerkenswerte Einsichten, was Absichten und Ziele anderer betrifft, und auch hier können sie zwischen Menschen und unbelebten Objekten unterscheiden. Schon mit sechs Monaten haben sie eine Vorstellung davon, dass Menschen Ziele verfolgen, während das für Maschinen nicht gilt.

Nachgewiesen wurde dies vor einigen Jahren von der amerikanischen Psychologin Amanda Woodward.[58] Sie zeigte Kindern in diesem Alter, wie ein Mensch und ein mechanischer Arm nach einem Objekt griffen. Anschließend wurde das Objekt an einen anderen Ort gestellt und der ganze Vorgang wiederholt: Sowohl der Mensch wie auch der mechanische Arm griffen wiederum nach dem Objekt. Woodward interessierte sich nun für die Erwartungen der Kinder: Würden diese davon ausgehen, dass der Mensch einfach genau dieselbe Bewegung wiederholt, obwohl das Objekt woanders stand? Oder würden sie davon ausgehen, dass er dorthin greift, wo sich das Objekt tatsächlich befand, eben weil es ihm ja um das Objekt ging? In diesem Falle hätten die Kinder bereits eine gewisse Idee von Handlungsabsichten. Und was ist mit dem mechanischen Greifarm? Würden sie auch dem die Absicht unterstellen, das Objekt zu fassen zu kriegen, oder hätten sie hier andere Erwartungen?

Die Ergebnisse zeigten, dass die Kinder einen Unterschied machen. Offenbar gehen sie bereits in diesem Alter davon aus, dass der Mensch das Objekt ergreifen will und daher im zweiten Durchgang dorthin fassen wird, wo sich das Objekt nach der Ortsveränderung tatsächlich befindet. Verhält der Erwachsene sich anders, reagieren sie überrascht. Schon sehr kleine Kinder haben also bemerkenswert realistische Vorstellungen davon, was Menschen tun, wenn sie ein Ziel verfolgen: Sie stellen sich auf veränderte Umweltbedingungen ein. Außerdem können die Kinder auch abschätzen, was diese Ziele sind.

Nicht weniger realistisch sind die Vorstellungen, die Kinder von Maschinen haben: Hier erwarten sie *keine* Einstellung auf den neuen Ort des Objekts. Sie erkennen also bereits mit sechs Monaten, dass Maschinen im Allgemeinen eine einmal vollzogene Bewegung wiederholen, auch wenn sich die Umweltbedingungen ändern. Kinder unterstellen Maschinen also keine Ziele und auch nicht die Fähigkeit, sich auf eine veränderte Ausgangslage einzustellen. Vielmehr gehen sie davon aus, dass Maschinen nach einer bestimmten Regel funktionieren, und zwar weitgehend unabhängig davon, was um sie herum geschieht.

Alle diese Experimente zeigen, wie viel Babys schon darüber wissen, wie man sich anderen Menschen gegenüber am besten verhält und was man tun muss, um seine Ziele zu erreichen. Nach und nach gewinnen sie zudem eine Vorstellung davon, was in anderen Menschen vor sich geht. Üblicherweise spricht man in diesem Zusammenhang, wie oben schon erwähnt, von einer »Theorie des Geistes« – auch wenn das Denken kleiner Kinder mit Theorien, gar mit wissenschaftlichen Theorien nur herzlich wenig zu tun haben dürfte. Wie oben auch schon erwähnt, laufen die meisten dieser Prozesse unbewusst und automatisch ab. Schon im ersten Lebensjahr bilden Kinder die Fähigkeit aus, der Blickrichtung eines Erwachsenen zu folgen. Dabei vermögen sie zu erkennen, was der andere sieht.[59] Zudem vergewissern sie sich immer wieder, dass die Gemeinsamkeit der Blickrichtung fortbesteht, etwa indem sie Zeigegesten machen oder den anderen anlächeln[60] – all dies dürfte erleichtert werden durch den großen Kontrast zwischen Iris und weißem Augenhintergrund, den ich ebenfalls eingangs bereits hervorgehoben habe.

Kinder sind außerdem schon kurz nach der Geburt in der Lage, den emotionalen Ausdruck von Gesichtern zu erkennen, sie können traurige von fröhlichen Gesichtern unterscheiden. Im Alter von zwei bis drei Monaten neigen sie dazu, wie bereits erwähnt, eine Art von emotionaler Übereinstimmung mit ihrer Mutter herzustellen; dabei imitieren sie Gesichtsausdruck und Laute der Mutter.[61] Vielleicht noch bemerkenswerter ist es, dass Kinder wenig später, mit etwa neun Monaten, schon in der Lage sind, den emotionalen Ausdruck im Gesicht eines Erwachsenen zu nutzen, um ihre eigene Situation besser zu bewerten. Dies geschieht insbesondere dann, wenn sie selbst unsicher sind, was zu tun ist. Wenn kleine Kinder zum ersten Mal ein unbekanntes Spielzeug sehen, schauen sie zu ihrer Mutter und nutzen deren emotionale Reaktion, insbesondere ihren Gesichtsausdruck, für die eigene Reaktion. Wenn die Mutter freundlich reagiert, gehen sie eher davon aus, dass sie sich dem Objekt annähern und mit ihm spielen können; schaut die Mutter dagegen abwehrend oder ängstlich, tendieren die Kinder eher zur Vorsicht und halten sich fern von dem Objekt.[62]

In einem anderen berühmten Versuch von Sorce und Mitarbeitern krabbelt ein Kind im Alter von etwa zwölf Monaten auf einer Glasplatte, die sich ein Stück über dem Boden befindet. Die erste Hälfte der Platte ist von unten mit einem Schachbrettmuster bemalt und wirkt ganz solide. Das Kind, das zunächst über diesen Teil der Platte krabbelt, hat den Eindruck, es habe sicheren Boden unter den Füßen. Danach wird die Sache schwieriger: Die zweite Hälfte der Glasplatte ist nämlich nicht von unten bemalt, das Schachbrettmuster befindet sich nun auf dem Fußboden, also ein ganzes Stück unterhalb der Glasplatte. Kleine Kinder fühlen sich hierdurch verunsichert. Wer weiß, ob das Glas halten wird? Die Kinder wenden sich an ihre Mutter, bevor sie sich auf den durchsichtigen Teil der Glasplatte begeben. Und sämtliche Kinder, deren Mütter in dem Versuch ängstlich reagierten, weigerten sich, diesen Teil der Glasplatte zu betreten. Blieb die Mutter dagegen fröhlich und entspannt, dann krabbelte die überwiegende Mehrzahl der Kinder einfach weiter.

Das mag auf den ersten Blick wenig spektakulär erscheinen. Jeder, der mit Kindern zu tun hat, kennt solche Situationen. Dennoch ist es für die Kinder keine einfache Aufgabe, das Verhalten der Mutter zu interpretieren: Die Kinder müssen erstens den emotionalen Gesichtsausdruck der Mutter deuten, sie müssen also zwischen einem freundlichen und einem ängstlichen Gesichtsausdruck unterscheiden können. Zweitens müssen sie verstehen, dass sich diese Reaktion auf das Spielzeug beziehungsweise auf die Glasplatte bezieht, und drittens einsehen, dass sie bei einem freundlichen Gesichtsausdruck mit dem Objekt spielen beziehungsweise sich weiterbewegen können, bei einem abwehrenden aber besser die Finger davon lassen beziehungsweise stehen bleiben sollten. Und schließlich müssen sie in der Lage sein, ihr Verhalten entsprechend zu steuern, also das Objekt tatsächlich liegen lassen oder wirklich stehen bleiben, wenn die Mutter abwehrend reagiert.

Wie Kinder lernen, die Perspektive eines anderen zu übernehmen

Kinder zeigen also schon innerhalb des ersten Lebensjahres ein bemerkenswertes Gespür für Bewegungen, Mimik, Emotionen und auch für die Absichten anderer Menschen. Sie können ihre Aufmerksamkeit zusammen mit anderen auf ein Objekt richten und sie sind – wie wir gesehen haben – in der Lage, die Reaktionen anderer in ihren eigenen Entscheidungen zu berücksichtigen. All dies liefert einen weiteren Beleg für die Behauptung, dass wir von Natur aus auf das Leben in einer Gemeinschaft vorbereitet sind. Und weil die dabei aktiven Fähigkeiten automatisch und sozusagen im Hintergrund ablaufen, sind wir uns ihrer nicht bewusst. Vermutlich haben wir sie deshalb auch so lange übersehen und sind zu fehlerhaften Vorstellungen davon gelangt, wie soziale Kommunikation, insbesondere *nichtsprachliche* soziale Kommunikation funktioniert.

Auch wenn schon sehr kleine Kinder eine ganze Menge von dem mitbekommen, was in anderen vor sich geht, wird man dennoch nicht davon sprechen können, dass sie sich wirklich in die Lage eines anderen versetzen können und imstande sind, dessen Perspektive zu übernehmen. Dazu würde vor allem gehören, dass sie Unterschiede zwischen der eigenen Perspektive und derjenigen anderer erkennen. Während sie schon recht früh Gemeinsamkeiten erkennen können, fällt es ihnen recht schwer, die Unterschiede zwischen ihren eigenen Gefühlen, Gedanken und Wünschen und denen anderer zu erkennen.

Erforderlich ist dies insbesondere dann, wenn man mit anderen Menschen kooperieren will. Diese Fähigkeit ist nicht zuletzt deshalb wichtig, weil sie *eine*, ja vielleicht sogar *die* Grundlage für unsere Kultur liefert. Schon das Erlernen einer Sprache, mehr noch der Erwerb von kulturellen Praktiken etwa beim Gebrauch von Werkzeugen, setzt voraus, dass man miteinander kooperiert. Offenbar bringen wir Menschen auch dazu eine Art natürlicher Veranlagung mit. Kooperation erfordert nicht nur eine Vorstellung von einem gemeinsamen Ziel, vielmehr muss man auch imstande sein, wechselseitig aufeinander zu reagieren und seine Handlungen aufeinander abzustimmen,[63] kurz, man muss sich auf andere Menschen einstellen und sich in die Lage derjenigen versetzen können, mit denen man kooperieren will.

Kinder machen in dieser Hinsicht nach dem ersten Lebensjahr bemerkenswerte Fortschritte. Schon wenige Monate nach dem ersten Geburtstag vermögen sie zum Beispiel zu erkennen, ob eine andere Person ein Objekt kennt oder nicht. Die Psychologen Henrike Moll und Michael Tomasello ließen in einem Experiment einen Erwachsenen und ein Kind im Alter von vierzehn beziehungsweise achtzehn Monaten gemeinsam mit zwei Spielzeugen spielen. Nach einiger Zeit verließ der Erwachsene den Raum, und das Kind bekam ein neues, drittes Spielzeug. Kurze Zeit später kam der Erwachsene zurück und zeigte sich ganz überrascht, als er die drei Spielzeuge sah. Er sagte dann, er wolle »das Spielzeug« haben – ohne dabei deutlich zu machen, welches der drei er meinte. Alle Kinder verstanden auch so, dass es nur das neue Spielzeug sein konnte, auf das sich die Überraschung und der Wunsch des Erwachsenen bezogen. Sie hatten also begriffen, dass das dritte Spielzeug für den Erwachsenen neu war, obwohl sie selbst es bereits kannten.

Moll und Tomasello untersuchten auch, was passierte, wenn das Kind und der Erwachsene am Anfang zwar beide ursprünglichen Spielzeuge kennenlernten, aber nicht gemeinsam mit ihnen spielten. In einer Variante spielte der Erwachsene alleine mit den Spielzeugen, in der anderen Variante sah er sie nur, ohne etwas mit ihnen anzustellen; das Kind war immer nur Beobachter. Während die achtzehn Monate alten Kinder die Aufgabe immerhin noch lösen konnten, wenn sie den Erwachsenen beim Spiel mit den Spielzeugen beobachtet hatten, scheiterten die jüngeren Kinder an beiden Varianten der Aufgabe. Offenbar benötigen sie die gemeinsame Interaktion, um zu erkennen, was andere gesehen oder erfahren haben können – die bloße Beobachtung reicht dazu nicht aus.

Eine solche gemeinsame Erfahrung und Interaktion spielt demnach für sehr kleine Kinder eine wichtige Rolle, wenn es darum geht, sich zumindest ansatzweise in die Lage eines anderen zu versetzen. Als Grundlage dient ihnen offenbar eine sehr einfache Regel: Sie nehmen an, dass Personen, mit denen sie etwas zusammen unternommen haben, auch sämtliche Erfahrungen mit ihnen teilen.[64] Später gelingt es ihnen nach und nach, immer genauer zwischen ihrer eigenen Perspektive und dem, was andere sehen, zu unterscheiden.

Kinder im Alter von etwa zwei bis zweieinhalb Jahren wissen zwar noch nicht genau, *wie* andere eine bestimmte Situation sehen, doch sie haben eine Vorstellung davon, *was* andere sehen – auch wenn sich dies von ihrer eigenen Perspektive unterscheidet. Wenn man ihnen zum Beispiel eine Karte mit einer Eule auf der einen Seite und einem Pferd auf der anderen zeigt, dann können sie sagen, dass ihr Gegenüber das Pferd sieht, wenn sie selbst die Eule vor sich haben.[65]

Die größte Schwierigkeit haben Kinder jedoch, wenn sie anderen eine Überzeugung zuschreiben sollen, von der sie selbst wissen, dass sie falsch ist. Diese Fähigkeit erwerben sie erst zwischen vier und fünf Jahren.[66] Die bekanntesten Experimente zu diesem Problem wurden in den 1980er Jahren von den Psychologen Heinz Wimmer und Josef Perner durchgeführt. Stellen Sie sich vor, Sie sind mit einem Mädchen und einem Jungen im Alter von vier bis fünf Jahren in einem Raum, in dem sich eine Schrankwand mit vielen Schubladen befindet. Sie legen eine Puppe in eine der Schubladen und bitten das Mädchen, den Raum zu verlassen. Nachdem Sie die Puppe aus der ursprünglichen Schublade herausgenommen und in eine andere hineingelegt haben, stellen Sie dem im Raum verbliebenen Jungen die entscheidende Frage: Wo wird das Mädchen die Puppe suchen, wenn es wieder zurückkommt: in der Schublade, in der sie sich jetzt tatsächlich befindet, oder dort, wo die Puppe ursprünglich versteckt wurde, als das Mädchen noch anwesend war?

Der Junge muss die Perspektive des Mädchens einnehmen, um die Frage zu beantworten, und zwar eine Perspektive, von der er weiß, dass sie falsch ist. Das Mädchen kennt das neue Versteck nicht; es muss also denken, dass sich die Puppe noch in der ursprünglichen Schublade befindet. Keine leichte Aufgabe also, und tatsächlich scheitern hier im Allgemeinen noch vierjährige Kinder. Sie antworten, das Mädchen werde die Puppe dort suchen, wo sie sich *tatsächlich* befindet – obwohl es vom Ortswechsel der Puppe nichts wissen kann. Erst mit etwa viereinhalb Jahren gelingt es Kindern, diese Aufgabe zu lösen. Sie haben nun gelernt, anderen eine möglicherweise falsche Überzeugung zuzuschreiben, und zudem verstehen sie besser, was eine Perspektive und was eine Überzeugung ist. Denn Überzeugungen, unglücklicherweise auch die eigenen, können nun einmal falsch sein. Und das heißt nichts anderes, als dass die Überzeugungen unterschiedlicher Menschen über ein und dieselbe Sache voneinander abweichen können. Diese Einsicht ist eine wesentliche Voraussetzung für das Verständnis, was Überzeugungen sind und wie sie das Leben in einer Gruppe beeinflussen. Im Hinblick auf das Bewusstsein mag auch hier manches noch intuitiv und unbewusst ablaufen. Doch sobald wir uns wirklich fragen, was eine Person glaubt, werden wir ohne Bewusstsein nicht mehr auskommen – insbesondere wenn wir bei der Antwort eine Reihe von besonderen Umständen in Betracht ziehen müssen.

In jedem Falle erwerben Kinder zwischen vier und fünf Jahre eine entscheidende Fähigkeit für das Leben in einer Gruppe: Wenn man weiß, was eine Person glaubt, kann man wesentlich besser voraussagen, was die Person tun wird. Und das wiederum erleichtert es, mit der Person zu kooperieren – vor allem dann, wenn die Person von falschen Voraussetzungen ausgeht.

Eine weitere, nicht so offensichtliche Konsequenz ergibt sich für unser Selbstbewusstsein, also für die Überzeugungen, die wir in Bezug auf uns selbst haben. Auch sie spielen eine wichtige Rolle für unser Verhalten in einer Gruppe. Wenn wir uns erfolgreich in einer Gruppe bewegen wollen, dann müssen wir auch wissen, was unsere eigenen Wünsche und Überzeugungen sind, unsere Stärken und Schwächen, aber auch unsere langfristigen Pläne – kurz, wir müssen Selbstbewusstsein bezüglich all dieser Eigenschaften entwickeln. Lange Zeit war es unklar, wie dies geschieht: Um zu erkennen, dass eine Überzeugung *meine* Überzeugung ist, scheine ich doch bereits eine Vorstellung von mir selbst haben zu müssen. Und das gilt für jedes beliebige Merkmal, das mich ausmacht. Doch wie soll sich dann Selbstbewusstsein entwickeln? Einige Autoren haben sogar bezweifelt, dass

Selbstbewusstsein überhaupt erklärbar ist, ja, dass es so etwas wie ein Ich überhaupt gibt.

Mittlerweile gibt es aber eine überzeugende Antwort auf diese Frage. Um sie zu verstehen, stellt man sich am besten vor, was passieren kann, wenn man noch kein Selbstbewusstsein besitzt. Ein Beispiel hierfür ist ein kleines Kind, das sich »versteckt«, indem es seine Augen zuhält. Selbstbewusstsein fehlt diesem Kind bezüglich seiner Wahrnehmung: Es erkennt seine Wahrnehmung noch nicht als seine Wahrnehmung. Entwickeln kann es dieses Selbstbewusstsein, indem es die Unterschiede zwischen der eigenen Wahrnehmungsperspektive und der Wahrnehmungsperspektive anderer erkennt – nämlich all der Mitmenschen, die das Kind sehr wohl sehen können, auch wenn es selbst sich die Augen zuhält. Selbstbewusstsein scheint also eine Menge damit zu tun zu haben, dass man die Unterschiede zwischen den eigenen Wünschen, Wahrnehmungen, Überzeugungen und Emotionen erkennt und den entsprechenden Zuständen anderer. Und dazu muss man eben eine Theorie des Geistes anderer haben. Deshalb ist deren Entwicklung zentral für die Entstehung von Selbstbewusstsein.

Zusammenfassung

Die geistige Entwicklung von Kindern liefert eine ganze Reihe von Aufschlüssen darüber, wie soziales Denken funktioniert, wie wir erkennen, was andere Menschen denken, fühlen und welche Absichten sie haben. Das wichtigste Ergebnis dabei ist, dass unser soziales Denken eine ganz eigenständige Fähigkeit darstellt – oder vielmehr ein ganzes Bündel unterschiedlicher, sehr spezifischer Fähigkeiten, die sich insgesamt recht früh, aber zu unterschiedlichen Zeiten innerhalb unserer Kindheit herausbilden. Soziales Denken kommt keineswegs dadurch zustande, dass wir unsere allgemeinen geistigen Fähigkeiten auf unsere Mitmenschen anwenden und dann auf der Basis von Theorien und Beobachtungen komplizierte Schlussfolgerungen ziehen – damit wären nicht nur kleine Kinder und Tiere überfordert. Vermutlich würden auch wir Erwachsene damit allzu häufig scheitern, zumal dann, wenn wir daneben noch etwas anderes tun wollen.

Tatsächlich spricht auch unsere eigene Erfahrung dagegen, dass soziales Denken einfach nur eine theoretische Angelegenheit ist: Wir gehen an die Gedanken und Gefühle unserer Mitmenschen eben ganz anders heran als an theoretische Probleme. Das erklärt, warum es uns oft so vorkommt, als könnten wir ganz unmittelbar erkennen, was eine andere Person denkt oder fühlt. Hierzu müssen wir keine umfassenden Beobachtungen machen und Theorien aufstellen. Der Eindruck, dass wir all dies ganz unmittelbar erkennen können, ist allerdings auch nicht zutreffend. Was wir unmittelbar wahrnehmen, sind Körperbewegungen, Mimik, Gestik und Stimme anderer Menschen. Genauso wie wir scheinbar mühelos zwischen Millionen menschlicher Gesichter zu unterscheiden vermögen, weil wir hierauf spezialisiert sind und daher eine Person in unterschiedlichen Abbildungen zu unterschiedlichen Zeiten und in unterschiedlichen Situationen problemlos wiedererkennen – genauso scheinen wir besondere, hochspezialisierte Fähigkeiten bei der Erkennung der Gedanken und Gefühle anderer Menschen zu besitzen. Und es sind offenbar zum großen Teil diese Eigenschaften, die schon kleine Kinder dazu befähigen, die Gedanken, Gefühle und Absichten anderer zu erkennen. Vor allem am Anfang eines Lebens läuft hier viel unbewusst und automatisch ab; später, wenn es um schwierigere Aufgaben geht, etwa bei der Übernahme der Perspektive eines anderen, dann gelingt es ohne Bewusstsein nicht mehr.

Die Vielzahl dieser Fähigkeiten, ihr grundlegender Charakter und ihre frühe Entwicklung sprechen dafür, dass wir von Natur aus auf das Leben in einer Gemeinschaft angelegt sind – nicht um in dieser Gemeinschaft als bloße Menschenfreunde unsere eigenen Interessen zugunsten der Interessen und Bedürfnisse anderer aufzugeben, sondern vielmehr um in und mit dieser Gemeinschaft zu überleben, um mit unseren Mitmenschen zu kooperieren, mit ihnen zu kommunizieren, aber eben auch um unsere Interessen zur Geltung zu bringen.

TEIL II

Sozialverhalten

Bislang habe ich mich vor allem auf die individuellen Fähigkeiten konzentriert, die jeder Einzelne mitbringen muss, damit das Leben in einer Gruppe tatsächlich funktioniert. Doch *wie* funktioniert es? Was passiert, wenn Menschen miteinander handeln? Welchen Einfluss haben die anderen Gruppenmitglieder auf das, was jeder Einzelne denkt und tut? Inwieweit verhalten wir uns in einer Gruppe anders, als wenn wir auf eigene Faust handeln?

Es wird sich zeigen, dass das Leben in einer Gruppe weitreichende Auswirkungen auf das Denken und Verhalten der einzelnen Mitglieder hat. Das gilt nicht nur, weil wir auf uns alleine gestellt überhaupt nicht überleben könnten, kaum eine unserer Fähigkeiten ausbilden und uns abgesehen davon auch grauenhaft einsam fühlen würden. Unter Eremiten gäbe es keine Sprache, keine Kunst, keine Kultur und keine Moral – wozu sollten Eremiten auch die Anstrengungen des Spracherwerbs auf sich nehmen, wenn sie einander ohnehin niemals begegnen? All dies ist unumstritten und hinreichend erforscht, es wäre daher wenig sinnvoll, es hier noch einmal zu wiederholen.

Doch das Leben in einer Gruppe hat auch eine Reihe von spezifischeren und zum Teil überraschenden Auswirkungen auf unser Verhalten. Und nicht alle davon sind so unzweifelhaft begrüßenswert wie die Entwicklung von Sprache und Kultur – ganz im Gegenteil: Zuweilen tun wir nämlich in einer Gruppe

Dinge, die wir alleine niemals fertigbrächten, zum Beispiel, weil sie eklatant gegen unsere eigenen Prinzipien verstoßen.

Illustrieren lässt sich das an einer ganzen Reihe von sozialpsychologischen Studien. Einige von ihnen waren ursprünglich durchgeführt worden, um – insbesondere nach den Katastrophen der Nazizeit – die problematischen Aspekte unseres Sozialverhaltens besser zu verstehen. Dabei wurde nicht nur gefragt, warum Gruppen zuweilen ein Verhalten zeigen, zu dem keines ihrer Mitglieder alleine fähig wäre. Es ging auch um die Ursachen von Ausgrenzung, Diskriminierung und die Entstehung von Stereotypen. Dabei stellte sich heraus, dass der innere Zusammenhalt einer Gruppe hier eine entscheidende Rolle spielt. Vor allem in stabilen, homogenen Gruppen kann der Anpassungsdruck auf den Einzelnen sehr groß werden. Häufig scheint diese Anpassung zudem halbwegs automatisch zu geschehen, ohne dass wir sie wirklich wahrnehmen und kontrollieren könnten. Das hängt offenbar mit der bereits bemerkten Tatsache zusammen, dass unsere sozialen Fähigkeiten vielfach unbewusst wirksam sind. Selbst ein einfaches Urteil über die Länge einer Linie kann, wie wir gesehen haben, unter entsprechenden Umständen massiv von anderen Gruppenmitgliedern beeinflusst werden.

Darüber hinaus neigen homogene Gruppen dazu, sich stärker nach außen abzugrenzen – gegen andere Gruppen ebenso wie gegen außenstehende Individuen. Das kann im ersten Fall zu Konflikten mit diesen Gruppen führen, im zweiten zu Diskriminierung und Ausgrenzung der Mitglieder anderer Gruppen. Einige der damals erhobenen Befunde zum Gruppenverhalten werden heute oft als Beleg für unsere positiven sozialen Eigenschaften zitiert; schließlich demonstrieren sie ja die Bindungskraft von Gruppen und die Bereitschaft von einzelnen Individuen, sich in eine Gruppe einbinden zu lassen. Ursprünglich wurden diese Experimente jedoch ganz anders interpretiert.

Man sah in ihnen einen Beleg dafür, dass ganz normale Menschen auf Abwege geraten können, wenn sie sich zu sehr an den Zielen und Maßstäben der Gruppe orientieren.

Im Umkehrschluss heißt dies, dass ein wenig Eigensinn und Vielfalt unter den Mitgliedern einer Gruppe große Vorteile bringen kann. Hierfür sprechen auch Untersuchungen über Entscheidungen, die von Gruppen getroffen werden – sie sollen im zweiten Teil dieses Kapitels etwas genauer behandelt werden. In homogenen Gruppen besteht nämlich auch die Gefahr, dass die Mitglieder einander zu stark beeinflussen und dabei das eigentliche Problem aus dem Blick verlieren. In einzelnen Fällen können hieraus Kettenreaktionen entstehen, die zu regelrechten Hysterien führen. Umgekehrt können Gruppenentscheidungen aber auch ganz hervorragende Ergebnisse hervorbringen – wenn die Vielfalt der Mitglieder groß genug ist und sie halbwegs unabhängig voneinander urteilen können.

Auch hier dürfte vieles unmerklich passieren. Die bewusste Kontrolle einzelner Gruppenmitglieder über das Verhalten der Gruppe und selbst über ihr eigenes Verhalten innerhalb der Gruppe ist offenbar nur beschränkt. Umso wichtiger ist es zu wissen, wann die Mitglieder einer Gruppe einander stützen und wann sie sich umgekehrt gegenseitig so beeinflussen, dass das Verhalten der Gruppe aus dem Ruder läuft. Weiß man hier genauer Bescheid, kann man auch Bedingungen schaffen, die sinnvolles Verhalten und angemessene Entscheidungen ermöglichen. Notwendig ist dies umso mehr, als sich Entscheidungszwänge und -spielräume aufgrund der vielfältigen Wahlmöglichkeiten in modernen westlichen Gesellschaften dramatisch vergrößert haben.

Wie bereits angedeutet wird sich herausstellen, dass ein gewisses Maß an Vielfalt und Individualismus, ja, an regelrecht egoistischem Verhalten hier günstige Voraussetzungen schafft.

Am Ende dieses Buches werde ich zeigen, dass egoistisches Verhalten auch aus ganz anderen Gründen der ganzen Gruppe zugutekommen kann. Unsere direkte Orientierung an den Interessen und Wünschen anderer ist nicht per se gut; umgekehrt sind egoistische oder individualistische Tendenzen nicht einfach schlecht. Vielmehr kommt es darauf an, was wir aus diesen Tendenzen machen. Die Verantwortung dafür liegt nicht bei der Natur, sie liegt bei uns. Schon allein deshalb sollten wir mehr über unser soziales Verhalten in Erfahrung bringen.

Gruppendruck und Anpassung

Eine der wohl wichtigsten Bedingungen dafür, dass eine Gruppe existieren kann, ist, dass ihre Mitglieder ihr Verhalten miteinander koordinieren: Wenn alle nur aufgeregt durcheinanderlaufen und sich gegenseitig Knüppel zwischen die Beine werfen würden, hätten wir kaum den Eindruck, eine Gruppe vor uns zu haben. Es führt also kein Weg daran vorbei, dass wir uns in bestimmten Situationen von den Regeln, Erwartungen und Auffassungen unserer Gruppe leiten lassen. Damit geben wir aber auch in einem gewissen Maße die Verantwortung für unser Verhalten an die Gruppe ab. Es besteht die Gefahr, dass sich eine Eigendynamik entwickelt, die niemand mehr unter Kontrolle hat.

Dieser Aspekt des menschlichen Sozialverhaltens ist mittlerweile ausführlich erforscht worden. Schauen wir uns einige der Experimente an, in denen untersucht wurde, wie das Leben in einer Gruppe das Verhalten der einzelnen Individuen prägt.

Das Robber's-Cave-Experiment von Sherif

Zu den bekanntesten Untersuchungen über das Verhalten von Gruppen zählt das sogenannte Robber's-Cave-Experiment, das bereits in der Mitte der 1950er Jahre von Muzafer Sherif, einem aus der Türkei stammenden amerikanischen Sozialpsychologen, durchgeführt wurde.[67] Sherif, der selbst in seiner Jugend fast bei einem ethnischen Konflikt ums Leben gekommen wäre, ließ 24 zwölfjährige Jungen aus Mittelklasse-Familien an einer Art Pfadfinderlager teilnehmen. In dem Lager gab es zwei Gruppen, denen die Jungen nach dem Zufallsprinzip zugeordnet wurden: die Adler und die Klapperschlangen.

Das Experiment hatte drei Phasen. In der ersten Phase lebten beide Gruppen unabhängig voneinander in separaten Camps, sie wussten nichts voneinander und bekamen einander auch nicht zu Gesicht. Die Experimentatoren versuchten zunächst, stabile Strukturen und ein Bewusstsein der Zugehörigkeit *innerhalb* jeder Gruppe herauszubilden, indem sie zum Beispiel gemeinsame Unternehmungen veranstalteten. *Zwischen* den Gruppen standen die Zeichen dagegen auf Sturm, kaum dass sie voneinander erfahren hatten. Sie grenzten sich voneinander ab; eine Gruppe bezeichnete die andere als »Nigger Camper« und ihre Mitglieder weigerten sich, mit denen der anderen Gruppe zu spielen.

In der zweiten Phase begannen die Experimentatoren, die ohnehin schon vorhandenen Spannungen zwischen den Gruppen weiter anzuheizen – mit zugegebenermaßen recht fragwürdigen Methoden. Eine Gruppe wurde beispielsweise absichtlich zu spät zu einer Lagerfeier geschickt, so dass das – bewusst zu knapp bemessene – gute Essen bereits von der anderen Gruppe verzehrt worden war. Weiter verschärft wurde der Konflikt durch eine Reihe von Wettbewerben. In der Folge verstärkte sich einerseits der Zusammenhalt *innerhalb* der Gruppen weiter, während andererseits die Spannungen *zwischen* den Gruppen stiegen. Zunächst beschimpften sich die Mitglieder gegenseitig als Memmen oder – es war die Zeit des Kalten Krieges – als

Kommunisten. Eine Gruppe verbrannte die Flagge der anderen, daraufhin verwüstete diese die Hütte ihrer Konkurrenten und erbeutete dabei die Jeans des gegnerischen Anführers, die später als Trophäe präsentiert wurde. Der Gegenschlag ließ nicht lange auf sich warten: Die andere Gruppe zog mit Baseballschlägern bewaffnet zum Camp der vermeintlichen Feinde, die glücklicherweise nicht anwesend waren. Weitere Konflikte entluden sich in echten Gewaltszenen, bis schließlich keine Gruppe mit der anderen mehr etwas zu tun haben wollte.

Lassen sich solche Konflikte noch unter Kontrolle bringen, wenn sie so weit eskaliert sind? Und falls ja – wie lässt sich das bewerkstelligen? Die dritte Phase von Sherifs Experiment sollte eine Antwort liefern. Tatsächlich gelang es den Experimentatoren, die Konflikte in den Griff zu bekommen. Eine entscheidende Rolle spielten dabei gemeinsame Aktionen. Die Mitglieder der beiden Gruppen mussten miteinander kooperieren, um ein gemeinsames Ziel zu erreichen, den Bau einer Blockhütte. Wieder griffen die Experimentatoren gezielt ein, dieses Mal, um den Zwang zur Kooperation zu erhöhen. So sorgten sie zum Beispiel dafür, dass die Wasserversorgung zusammenbrach. Anschließend erklärten sie den Jungen, die gesamte Wasserleitung müsse abgesucht werden, um den Fehler zu finden. Dazu seien sämtliche Mitglieder beider Gruppen erforderlich. Tatsächlich erklärten sich beide Gruppen hierzu bereit und liehen sich bei der gemeinsamen Arbeit sogar gegenseitig Werkzeuge aus. Bei einer anderen Gelegenheit streikte der Wagen, der das Essen für einen gemeinsamen Ausflug transportieren sollte, und beide Gruppen mussten ihn zusammen anschieben. Anschließend stellte sich heraus, dass die Ausrüstung beider Gruppen unvollständig war, so dass sie sich gegenseitig aushelfen mussten. Schließlich hatten sie auch das Essen zu teilen, da die Experimentatoren das Fleisch an einem Stück anliefern ließen.

Die Konsequenzen dieser Maßnahmen in der dritten Phase waren dramatisch: Die Gruppen versöhnten sich miteinander, feierten einen gemeinsamen Abschlussabend und traten sogar die Rückfahrt zusammen in einem Bus an. Die Zahl der Freundschaften über die Grenzen der Gruppen hinweg war in die Höhe geschossen. Während vor der Auflösung der Konflikte durch gemeinsame Aktivitäten weniger als zehn Prozent der Mitglieder jeder Gruppe einen »besten Freund« in der jeweils anderen Gruppe hatte, erhöhte sich dieser Prozentsatz nach der Einführung gemeinschaftlicher Aktivitäten auf das Zwei- bis Dreifache.

Das Experiment von Sherif zeigt, wie flexibel unser Verhalten ist: Offenbar waren die Versuchspersonen nicht einfach festgelegt auf aggressives oder kooperatives Verhalten, vielmehr stand ihnen sowohl die eine wie auch die andere Option offen. Welche dieser Möglichkeiten dann zum Zuge kam, hing aber auch nicht einfach von einer willkürlichen Entscheidung ab. Es waren vielmehr äußere Umstände und Gruppenstrukturen, die darüber bestimmten, ob sich die Versuchspersonen aggressiv oder kooperativ verhielten: Äußerer Druck und Konkurrenz schürten Aggressionen zwischen den Gruppen und stärkten gleichzeitig den inneren Zusammenhalt; mussten dagegen gemeinsame Ziele erreicht werden, verhielten sich die Versuchspersonen kooperativ.

Diese Zusammenhänge sind klar aus dem Experiment ersichtlich; den Versuchspersonen selbst dürften sie dagegen nicht bewusst gewesen sein. Tatsächlich bleiben uns die Beweggründe unseres eigenen Sozialverhaltens oft genug verborgen. Wir selbst vermögen unser Verhalten innerhalb einer Gruppe nur begrenzt zu steuern, der Einfluss äußerer Bedingungen und Strukturen ist bemerkenswert. Aus diesem Grunde ist es unerlässlich, möglichst viel über diese Strukturen und unsere Reaktion auf sie herauszufinden.

Nachfolgeexperimente

Das Experiment von Sherif liefert wichtige Hinweise, doch da es sich nicht um einen kontrollierten Versuch unter genau definierten Bedingungen handelt, ist mit ihm alleine keine systematische Klärung zu erreichen. Nicht zuletzt deshalb ist dieser Zusammenhang in einer ganzen Reihe von weiteren Experimenten untersucht worden. Eine der offenen Fragen ist, was eigentlich passieren muss, damit sich Menschen zu einer Gruppe zusammenfinden.

Offenbar nicht viel: So wurden die Versuchspersonen in einem Experiment von Willem Doise und Mitarbeitern einfach per Zufall in zwei Gruppen eingeteilt, ohne irgendwelche bedeutsamen Gemeinsamkeiten zu besitzen und ohne vorher oder nachher jemals etwas miteinander zu tun zu haben. Dennoch bildeten die Versuchspersonen ein Bewusstsein aus, einer Gruppe anzugehören, und dieses Bewusstsein hatte bemerkenswerte Effekte. Die »Mitglieder« der einen »Gruppe« beurteilten einander signifikant positiver als die Mitglieder der jeweils anderen »Gruppe«.[68]

Bestätigt wurden diese Ergebnisse durch eine Untersuchung von Henri Tajfel und Mitarbeitern aus den 1970er Jahren, die den Minimalbedingungen für die Entstehung von Gruppenverhalten nachging. Tajfels Frage lautete: Was muss mindestens passieren, damit sich Menschen als Gruppe verhalten und bestimmte Mitmenschen als Mitglieder dieser Gruppe und andere als Nichtmitglieder behandeln? Die Experimentatoren reduzierten zu diesem Zweck das »Gruppenverhalten« auf ein absolutes Minimum. Konkret bedeutete dies, dass die sogenannten »Mitglieder« einer Gruppe keinerlei Kontakt zueinander hatten und einander noch nicht einmal namentlich kannten. Aufgabe der Versuchspersonen war es nun, Geldbeträge unter den angeblichen Mitgliedern der eigenen Gruppe und denen der jeweils anderen Gruppe zu verteilen. Auch dabei hatten sie keinen Kontakt zu ihren Mitspielern. Stattdessen wurde ihnen für jeden Mitspieler jeweils ein Etikett vorgelegt, auf dem die Gruppenzugehörigkeit der fraglichen Person zu erkennen war. Von einem wie auch immer gearteten Gruppenleben wird man unter diesen Umständen kaum sprechen können. Dennoch, und das ist das Interessante an dem Experiment, bevorzugten die Versuchspersonen die Mitglieder ihrer eigenen »Gruppe« im Vergleich zu Mitgliedern der anderen »Gruppe«: Sie gaben den Mitgliedern mehr Geld als den Nichtmitgliedern.

In einem ähnlich aufgebauten Nachfolgeexperiment konnten Marilynn Brewer und Mitarbeiter zeigen, dass es nicht so sehr darum ging, den Mitgliedern der eigenen Gruppe einen möglichst hohen Gewinn zuzuschanzen. Entscheidend war vielmehr, dass die eigenen Angehörigen in jedem Falle mehr bekamen als die der jeweils anderen Gruppe – im Mittelpunkt stand also die Konkurrenz zwischen den Gruppen, nicht der absolute Gewinn für jeden Einzelnen. Entsprechend verstärkte eine aus anderen Gründen bestehende Rivalität zwischen den Gruppen die Bevorzugung der eigenen Mitglieder. So wurden Versuchspersonen in verschiedenen Experimenten gebeten, die Mitglieder der eigenen und einer anderen Gruppe zu beurteilen. Dabei stellte sich heraus, dass die Mitglieder der eigenen Gruppe bevorzugt wurden, und zwar insbesondere dann, wenn eine Konkurrenz mit der anderen Gruppe bestand.

Es gibt noch eine Reihe von anderen Faktoren, die das Verhalten von Gruppen bestimmen. So neigen zum Beispiel kleine Gruppen dazu, ihre Qualitäten gegenüber großen Verbänden besonders stark zu betonen. Das Gleiche gilt für relativ homogene Gruppen. Bestehen innerhalb der Gruppe größere Unterschiede, verringert sich deren Neigung, die eigenen Qualitäten zu überschätzen. In eine ähnliche Richtung zielt die Beobachtung, dass die Gruppeneffekte vor allem dann auftreten, wenn die Gruppe als solche besonders deutlich in Erscheinung tritt. Begegnen sich die Mitglieder dagegen als einzelne Individuen, schwächen sich die Wirkungen der Gruppenzugehörigkeit ab – diese Beobachtung wird weiter unten noch eine wichtige Rolle spielen, wenn es um die Rolle von Individualismus und Egoismus geht.

Was lässt sich aus alldem schließen? Der entscheidende Punkt ergibt sich bereits aus den Experimenten von Sherif und wird durch praktisch alle Nachfolgeexperimente gestützt: Der innere Zusammenhalt in einer Gruppe ist umso stärker, je deutlicher sie sich nach außen abgrenzt; umgekehrt wird die Abgrenzung nach außen umso stärker, je fester der innere Zusammenhalt ist.

Abgrenzung bedeutet dabei nicht nur, dass eine Gruppe nun einmal irgendwo ihre Grenzen hat und es jemanden geben muss, der *außerhalb* der Gruppe steht. Der eigene Kegelklub würde sonst viel zu groß, und abgesehen davon gibt es noch eine Menge anderer Kegelklubs, die auch nicht schlecht sind. Äußere Abgrenzung heißt jedoch mehr – und erst dabei werden die problematischen Seiten unseres Gruppenverhaltens sichtbar. Entscheidend ist, dass Gruppen dazu neigen, sich gegenseitig abzuwerten und zu benachteiligen. Die Mitglieder *einer* Gruppe beurteilen einander besser als die Mitglieder einer anderen Gruppe. Und diese Bewertung hat direkte Auswirkungen auf ihr Verhalten, wenn es darum geht, bestimmte Güter zu verteilen oder Leistungen zu bewerten: Man muss hier nur an die Rede von den »Nigger-Campern« denken, wie sie in dem Sherif-Experiment aufkam, noch bevor die beiden Gruppen irgendetwas miteinander zu tun hatten, an die gewaltsamen Auseinandersetzungen, die sich daraus ergaben, oder an die Bevorzugung der eigenen Gruppenmitglieder in den Nachfolgeexperimenten.

Bereits die bloße Existenz einer anderen Gruppe führt zu solchen wenig erfreulichen Verhaltensweisen. Und einiges spricht dafür, dass diese durch eine ganze Reihe von Umständen verstärkt oder abgeschwächt werden können. Es ist zunächst nicht weiter verwunderlich, dass gegenseitige Konkurrenz oder überhaupt das Zusammentreffen mit einer anderen Gruppe die Tendenz zur Ausgrenzung fördert: Unsere ohnehin vorhandene Neigung, die Mitglieder unserer eigenen Gruppe besser zu finden als die einer anderen, sie zu bevorzugen, die anderen zu diskriminieren und ihnen mit Vorurteilen gegenüberzutreten – all dies potenziert sich, wenn wir in Konkurrenz zu der anderen Gruppe stehen. Anstatt den gemeinsamen Vorteil mit der anderen Gruppe zu suchen, achten wir nur darauf, dass unsere Leute mehr bekommen als die anderen – auch wenn alle am Ende weniger haben.

Die Versuche zeigen allerdings auch, dass das Verhalten einer Gruppe beeinflusst werden kann. Es ist keineswegs zwangsläufig, dass Gruppen einander diskriminieren und benachteiligen oder sich gar in Konflikte verwickeln. Verhindern kann man dies aber nicht einfach durch den Entschluss, ein besserer Mensch zu werden. Vielmehr müssen bestimmte Maßnahmen ergriffen werden. Konflikte können entschärft werden, wenn die Gruppen sich gemeinsame Ziele setzen und dabei zusammenarbeiten – so wie dies in der dritten Phase der Experimente von Sherif geschah. Außerdem scheint es wichtig zu sein, dass sich die Mitglieder einer Gruppe nicht einfach nur als Mitglieder dieser Gruppe begreifen, zudem sollten die Gruppen nicht allzu homogen sein. Mit anderen Worten: Nach innen ist eine gehörige Portion Individualismus gar nicht schlecht, wenn es darum geht, Stereotype und Ausgrenzungen nach außen zu vermeiden. Und das leuchtet auch ein. Wenn die Zugehörigkeit zu der eigenen Gruppe für mich keine so entscheidende Bedeutung hat und ich mich eher als unabhängiges Individuum begreife, dann spielt es eben für meine Einschätzung anderer Menschen auch eine weniger große Rolle, ob sie nun meiner eigenen Gruppe angehören oder nicht. Nicht ganz von der Hand zu weisen ist dabei die Vermutung, dass das Bewusstsein von Individualität etwas mit individueller Verantwortlichkeit zu tun hat. Wenn ich mich als Individuum begreife, lasse ich mich weniger stark von bestimmten Tendenzen in meiner Gruppe erfassen – wie beispielsweise von der Tendenz zu Diskriminierung und Ausgrenzung.

Individualisierung scheint also der Entstehung von Diskriminierung und Vorurteilen entgegenzuwirken – und das entspricht in der Tat historischen Beobachtungen: Offensichtlich spielen Vorurteile in heutigen hochindividualisierten Gesellschaften insbesondere in Europa und anderen Ländern der westlichen Welt eine viel geringere Rolle als noch vor hundert Jahren, als die Gesellschaften noch wesentlich homogener und stärker auf sich selbst bezogen waren. Man denke nur an die Veränderungen im Verhältnis von Deutschen und Franzosen in den letzten sechzig Jahren. Die dauerhaft friedlichen Lebensbedingungen in Europa haben wir nicht nur unserer Einsicht, sondern auch einer Veränderung unserer Lebensumstände zu verdanken. Es spricht einiges dafür, dass die stärkere Individualisierung, wie sie die modernen westlichen Gesellschaften in zunehmendem Maße prägt, dabei eine wichtige Rolle spielt.

Natürlich gibt es noch andere Gründe. So dürfte auch die Entwicklung der Europäischen Union entscheidend zur Verringerung von Spannungen zwischen den Staaten beigetragen haben. Das würde noch einmal die obige Annahme bestätigen, dass Kooperation und gemeinsame Ziele zur Abnahme von Feindseligkeiten und Abgrenzungen führen.

Ich habe bereits betont, dass das Zusammenleben in einer Gruppe ein Minimum an gegenseitiger Koordination und Anpassung erfordert. Im ersten Kapitel hatten wir gesehen, dass dabei die Imitation eine wichtige Rolle spielt. Imitation und Anpassung sind grundlegend bei der Stärkung sozialer Bindungen. Doch die notwendige Anpassung kann auch zum Anpassungsdruck werden, der unser Verhalten manipuliert und uns dazu veranlasst, Dinge zu tun, die wir eigentlich gar nicht wollen. Er kann uns in Konflikte verwickeln, die wir selbst für uns alleine ebenso gerne vermeiden würden wie unsere Kontrahenten. Die Untersuchungen von Sherif haben deutliche Hinweise darauf geliefert.

Imitation und Anpassung an sich sind harmlos – oft handelt es sich um ein bloßes Spiel, das wir beginnen und abbrechen können, wann immer wir wollen. Irgendwelche negativen Konsequenzen sind nicht zu befürchten, wenn Eltern zum Beispiel ihren neugeborenen Babys die Zunge herausstrecken und sich darüber freuen, dass die Neugeborenen dies wiederholen. Dasselbe gilt für die Anpassung an das Verhalten der Gruppe. Diese Anpassung ist angesichts unserer tief verwurzelten sozialen Bedürfnisse nicht nur allzu verständlich; sie ist im Großen und Ganzen auch sinnvoll, denn Gruppen, die aus lauter Außenseitern bestehen, wären kaum handlungsfähig. Das Leben in einer solchen Gruppe dürfte wenig Vorteile gegenüber einer Existenz als Einzelgänger bieten und vermutlich wäre es auch nicht wesentlich erfreulicher.

Doch Anpassung und Imitation bringen ebenso eine Reihe wohlbekannter Probleme mit sich – vor allem wenn sie mit Druck verbunden sind. Ein Beispiel sind Mutproben, zu denen sich junge Männer unter Gruppendruck verleiten lassen. So muss sich zum Beispiel James Dean in dem Film »… denn sie wissen nicht, was sie tun« auf ein sogenanntes »Hasenfußrennen« einlassen, um in seiner Jugendgang ernstgenommen zu werden. Bei diesem Rennen fahren die beiden Protagonisten – neben Jim (gespielt von Dean) noch Buzz, der Anführer der Gang – mit gestohlenen Autos auf einen Abgrund zu. Wer zuerst aus dem Auto springt, ist der Hasenfuß und hat verloren; wer zu spät aussteigt, ist tot. Jim hat Glück – er übersteht das Abenteuer, doch sein Konkurrent bleibt beim Herausspringen am Türgriff hängen und wird von seinem Auto in die Tiefe gerissen.

Auch sonst haben solche Mutproben oft verhängnisvolle Konsequenzen. In Brasilien beispielsweise »surfen« Teenager mit ausgebreiteten Armen auf den Dächern von fahrenden Zügen. Hundertfünfzig von ihnen bezahlen dafür jährlich mit ihrem Leben, vierhundert verletzen sich, wenn sie vom Zug fallen oder eine Oberleitung berühren. In anderen Ländern, auch in Deutschland, ist das S-Bahn-Surfen als Mutprobe beliebt. Dabei hängt man sich von außen an einen fahrenden Zug, meist indem man aus dem Fenster herausklettert und sich an der Dachkante festhält. Die Risiken sind ähnlich wie in Brasilien: Man kann vom Zug fallen, einen elektrischen Schlag von der Starkstromleitung erhalten oder aber mit einem Signal- oder Oberleitungsmast kollidieren. In Deutschland sind 2008 vierzig Jugendliche beim S-Bahn-Surfen ums Leben gekommen.[69]

Die weite Verbreitung solcher Mutproben zeigt, dass es sich hier nicht um die Erfindung von Einzelnen handelt, vielmehr sind es in der Regel Gruppenzwänge, die dazu verleiten. Wer sich den Mutproben entzieht, der gilt eben als »Hasenfuß« und hat sein Ansehen in der Gruppe verspielt. Die hiermit verbundenen Risiken sind bei männlichen Jugendlichen massiv: Mit dem Einsetzen der Pubertät kommt es zu einem so großen Anstieg der Todesfälle, dass man daran das Einsetzen der Pubertät über mehrere Jahrhunderte nachverfolgen kann.[70] So ist zum Beispiel gegenwärtig das Todesrisiko eines männlichen Jugendlichen in Deutschland im Alter von achtzehn Jahren sechsmal so hoch wie mit dreizehn.

Die Konformitätsexperimente von Asch

In dem Zusammenhang spielen natürlich auch die hormonellen Veränderungen in der Pubertät und die damit verbundene erhöhte Risikobereitschaft von jungen Männern eine Rolle. Doch ihre verhängnisvollen Konsequenzen entfaltet diese Risikobereitschaft deshalb, weil sich die jungen Männer vor den anderen Mitgliedern ihrer Cliquen beweisen müssen und durch entsprechenden Gruppendruck zu Taten gezwungen sehen, die sie sonst nicht begehen würden. Anpassung spielt hier die entscheidende Rolle. Wie wird sie konkret wirksam? Eines der ersten Experimente, die sich dieser Frage widmeten, stammt von Solomon Asch, einem ursprünglich aus Polen stammenden, äußerst einflussreichen amerikanischen Sozialpsychologen. Asch war unter anderem der Doktorvater Stanley Milgrams, auf dessen berühmtes Experiment wir weiter unten noch zu sprechen kommen.

Verglichen mit dem Hasenfußrennen oder dem S-Bahn-Surfen war Aschs Experiment recht harmlos – ich habe es im ersten Kapitel schon einmal kurz erwähnt:[71] Stellen Sie sich vor, Sie kommen in einen Raum, in dem sechs bis acht Leute sitzen, alle in Ihrem Alter, offenbar Versuchsteilnehmer wie Sie. Man sagt Ihnen, es gehe um ein psychologisches Experiment zu Wahrnehmungsurteilen. Der Versuchsleiter zeigt Ihrer Gruppe zunächst eine Linie; anschließend werden drei weitere, unterschiedlich lange Linien präsentiert. Die Teilnehmer sollen nun sagen, welche Linie genauso lang ist wie die ursprünglich gezeigte. Einer antwortet nach dem anderen; die Aufgabe ist leicht, die richtige Antwort ist ganz offensichtlich. Jeder nennt die richtige Linie, und auch Sie selbst haben keinerlei Probleme mit der Lösung. Tatsächlich waren unter diesen Bedingungen mehr als 99 Prozent der Antworten zutreffend.

Beim zweiten und dritten Mal läuft es genauso, doch bei einem der späteren Durchgänge geschieht etwas Merkwürdiges: In diesem Falle ist die zweite Linie so lang wie die ursprünglich gezeigte; aber alle anderen Teilnehmer behaupten, die erste würde passen. Diese Antwort ist offensichtlich falsch – aber alle anderen zeigen sich einig. Wie kann das passieren? Und: Wie werden *Sie* antworten?

Was Sie nicht wissen: Die vermeintlichen anderen »Teilnehmer« sind in Wirklichkeit Mitarbeiter des Versuchsleiters. Und sie sind angewiesen, bei zwölf der achtzehn Aufgaben allesamt dieselbe falsche Antwort zu geben. Die einzige Versuchsperson sind *Sie*. Und: Natürlich gilt das Interesse des Versuchsleiters nicht der Genauigkeit Ihrer Wahrnehmungsurteile. Untersucht wird vielmehr, ob Sie sich in Ihrem Urteil durch die Gruppe beeinflussen lassen: Was passiert, wenn Sie plötzlich mit Ihrer Meinung alleine stehen – allein gegen die ganze Gruppe. Was werden Sie tun?

Legt man die Ergebnisse von Asch zugrunde, die mittlerweile vielfach bestätigt worden sind, dann ist die Wahrscheinlichkeit recht hoch, dass Sie sich der Mehrheit anschließen werden. Vielleicht nicht beim ersten Durchgang, aber wenn sich die Situation wiederholt, werden Sie irgendwann einmal mit den anderen Teilnehmern übereinstimmen – nur ein Viertel der Versuchsteilnehmer tat dies nicht, und das obwohl die richtige Antwort offensichtlich war. Selbst als man die Unterschiede zwischen den Linien weiter vergrößerte, so dass sie schließlich bei mehr als siebzehn Zentimetern lagen, ließen sich Versuchspersonen noch von der Mehrheit der Teilnehmer in die Irre führen.

Denken Sie daran, dass hier niemand willentlich Druck ausgeübt hat; niemand hat Sie aufgefordert, mit der Mehrheit zu stimmen. Dennoch entsteht faktisch ein solcher Anpassungszwang – offenbar »wie von selbst«, ohne dass jemand ausdrücklich etwas unternehmen muss. Sie fühlen sich aufgefordert, in einer bestimmten Weise zu reagieren, obwohl niemand eine solche Aufforderung ausgesprochen hat. Es müssen also unbewusste Anpassungsprozesse am Werk sein, die dafür verantwortlich sind, dass das Verhalten einer Gruppe der Kontrolle ihrer Mitglieder entgleiten kann. Tatsächlich ist schon die Abweichung der eigenen Meinung von der aller anderen für viele Versuchspersonen schwer zu ertragen. Ein Proband sagte beispielsweise, es hätte »Ärger« geben können, wenn er seine Meinung gesagt hätte: »Ich stand da wie ein Blinder … ich wollte mich nicht gern zum Narren machen … ich wusste, dass ich definitiv im Recht war …, (aber) sie mochten annehmen, dass ich seltsam bin.«[72]

Offensichtlich übt die Meinung der Gruppe Einfluss auf die einzelnen Mitglieder aus. Aber wie geschieht dies genau? Wird nur das *Urteil* beeinflusst, während die Wahrnehmung intakt bleibt? Bemerken die Versuchspersonen also weiterhin die Größenunterschiede, aber ignorieren sie in ihrem Urteil? Das wäre nicht schön, aber leicht nachzuvollziehen. Theoretisch möglich, aber wesentlich schwerer vorstellbar ist eine andere Erklärung: Vielleicht wird schon die eigene Wahrnehmung durch die Meinung der anderen beeinflusst. In diesem Falle geben wir gar kein falsches Urteil ab, vielmehr *sehen* wir die Linien von vornherein so, wie es der Mehrheitsmeinung entspricht. Das wäre ziemlich beängstigend, schließlich könnten wir uns dann nicht mehr richtig auf unsere Wahrnehmung verlassen. Und außerdem ist das schwer zu erklären – wie soll ein solcher Einfluss zustande kommen?

Tatsächlich sprechen die ersten Experimente, die man hierzu gemacht hat, für genau diese Hypothese. Man hat nämlich untersucht, was im Gehirn einer Person passiert, die ihr Urteil dem der Mehrheit anpasst. Und dabei hat sich herausgestellt, dass die Anpassungen eher in den Wahrnehmungsarealen stattfinden als in den Bereichen des Gehirns, die für Urteile und Entscheidungen zuständig sind.[73]

Diese Ergebnisse sind noch vorläufig, und sie gelten sicher nicht für alle Versuchspersonen, wie auch das obige Zitat des Versuchsteilnehmers von Asch zeigt. Dennoch liefern sie ernstzunehmende Hinweise darauf, wie soziale Einflüsse wirksam werden. Sollten sie sich bestätigen, dann hätten wir hier einen weiteren Beleg dafür, wie tiefgreifend soziale Einflüsse sind – und wie wenig wir manchmal von ihrer Wirkung wissen. Umso schwerer ist es für die einzelnen Gruppenmitglieder, die Kontrolle über diese Prozesse zu bewahren.

Das Milgram-Experiment

Wenn Gruppendruck also schon dann entsteht, wenn ihn niemand willentlich ausübt – was wird erst passieren, *wenn* jemand explizit Druck macht? Diese Frage ist von Aschs Schüler Stanley Milgram in einem berühmten Experiment untersucht worden. Auch bei diesem Experiment spielte die Inszenierung eine wichtige Rolle. Stellen Sie sich vor, Sie lesen eine Anzeige in der

Zeitung, in der für die Teilnahme an einem psychologischen Experiment an einer Universität in Ihrer Stadt geworben wird. Gesucht werden durchschnittliche Bürger zwischen zwanzig und fünfzig Jahren, nur Studenten sind nicht zugelassen. All das trifft auf Sie zu. Das Experiment klingt interessant – es geht um eine Untersuchung zum Gedächtnis –, und auch die Bezahlung ist verlockend; selbst die Fahrtkosten will man Ihnen ersetzen.

Sie melden sich und erscheinen zur verabredeten Zeit im Labor. Außer Ihnen sind noch der Versuchsleiter sowie ein anderer Teilnehmer da. Durch ein Los erhalten Sie die Rolle eines Lehrers; der andere Teilnehmer muss die Rolle eines Schülers übernehmen. Offenbar haben Sie damit Glück. Der andere Teilnehmer muss nämlich in einen Nebenraum, der durch ein Fenster mit Ihrem Raum verbunden ist. Sie sehen, wie er auf eine Art elektrischen Stuhl gesetzt wird; dabei legt man ihm auch entsprechende Kabel an. Ihnen wird erklärt, dass Sie dem Schüler Wortpaare beibringen sollen. Macht der Schüler Fehler, dann sollen Sie ihn mit Elektroschocks »bestrafen«. Anfangs sind das harmlose 15 Volt, doch bei weiteren Fehlern müssen Sie die Spannung jeweils um 15 Volt steigern, bis Sie schließlich bei dem Maximalwert von 450 Volt anlangen. Für jede Spannungsstufe gibt es einen Schalter mit Etiketten wie »leichter Schock« oder »Gefahr: Schwerer Schock«; der Schalter für die potentiell tödliche Spannung von 450 Volt ist vielsagend mit »XXX« gekennzeichnet.

Bei den ersten Durchgängen geht alles glatt: Der »Schüler« gibt die richtigen Antworten, Sie können also das Elektroschockgerät in Ruhe lassen. Doch nach einigen Durchgängen häufen sich die Fehler. Sie beginnen mit harmlosen 15 Volt, dann kommen 30, 45, 60 Volt, die Ihr Schüler noch klaglos über sich ergehen lässt; bei 75 Volt sagt er zum ersten Mal »Autsch«. Doch die Fehler und damit die Stromstöße gehen weiter: Bei 120 Volt beschwert er sich, dass es nun wirklich weh tue; bei 150 Volt weist er darauf hin, dass sein Herz, mit dem er ohnehin Probleme habe, Schwierigkeiten mache. Bei 255 Volt verlangt er, den Versuch abzubrechen; und schließlich beginnt er zu schreien. Sie werden unsicher, doch der Versuchsleiter insistiert, es sei von großer Bedeutung, weiterzumachen. Und schließlich sind Sie bei 450 Volt angelangt, einer potentiell tödlichen Spannung – oder?

Sie werden sagen, so weit würden *Sie* es niemals kommen lassen! Längst hätten Sie den Versuch abgebrochen. Ja, nicht nur Sie selbst, auch andere würden sich von keinem Versuchsleiter dieser Welt dazu bringen lassen, das Leben von Menschen zu gefährden, nur um ein paar wissenschaftliche Daten zu ergattern! Tatsächlich kann sich kaum jemand vorstellen, dass Menschen so etwas tun würden. Ein paar Verrückte und Sadisten vielleicht – aber die große Mehrheit, so die allgemein verbreitete Vorstellung, werde dies sicher nicht mit sich machen lassen. So schätzten etwa Studenten an der Yale University, wo das Experiment stattfand, dass höchstens ein Prozent der Versuchspersonen die stärksten Stromschläge verabreichen würde. Eine Umfrage unter normalen Bürgern und unter Psychiatern kam zu ähnlichen Ergebnissen.[74]

Leider geben wir uns da einer großen Illusion hin, was unsere Widerstandskraft gegenüber dem Druck zur Anpassung betrifft. In den Experimenten von Milgram ging mehr als die Hälfte der Versuchspersonen bis zur maximalen Spannung von 450 Volt, genau gesagt waren es 62,5 Prozent – und das, obwohl der Schüler schrie, er wolle raus, und mehrfach auf seine Herzprobleme hinwies. Im Durchschnitt gingen die Versuchsteilnehmer bis zu 360 Volt, auch dies eine potentiell tödliche Spannung, mehr als die Hälfte über die 220 Volt einer normalen deutschen Steckdose. Von diesem Ausmaß des Gehorsams waren auch die Beobachter überrascht, die das Experiment durch eine einseitig durchsichtige Scheibe direkt mitverfolgen konnten.[75]

Natürlich – Sie werden es bereits geahnt haben – saß auf dem »elektrischen Stuhl« keine wirkliche Versuchsperson, und es wurden auch keine echten Stromstöße verteilt. Der vermeintliche Schüler war ein Schauspieler, der nur so tat, als erhalte er furchtbare Stromstöße. Doch er spielte seine Rolle so gut, dass die Versuchsteilnehmer keinerlei Zweifel an der Echtheit des Unternehmens hatten. So stürzte sie der Versuch denn auch in große Konflikte. Milgram berichtet davon, wie die Probanden unter extremen Stress gerieten; sie schwitzten, zitterten, begannen zu stottern und bissen auf ihre Lippen. Ein anfangs selbstsicher auftretender Geschäftsmann verwandelte sich unter dem Druck des Experiments binnen zwanzig Minuten »in ein zuckendes, stotterndes Wrack«, das kurz vor dem Zusammenbruch stand.[76] Milgram sah sich in der Folgezeit massiven Vorwürfen ausgesetzt, die bis zum Ausschluss aus der Assoziation amerikanischer Psychologen reichten – während eine andere angesehene Wissenschaftsorganisation ihm einen wichtigen Preis verlieh.

Die Versuchspersonen handelten offensichtlich nicht bedenkenlos. Doch sie stellten diese Bedenken zurück und unterwarfen sich der Autorität des Versuchsleiters. Dabei zeigten sie die Bereitschaft, anderen Menschen schwere Schmerzen zuzufügen, ja, ihr Leben zu riskieren. Warum taten sie dies? Warum passten sie sich an? Die Frage verdient allein deshalb eine Antwort, weil sie nicht nur für psychologische Theorien von Bedeutung ist. Die Geschichte des 20. Jahrhunderts mit seinen Konzentrationslagern, ethnischen Säuberungsaktionen und Massenvernichtungen liefert eine Vielzahl von Beispielen dafür, welche katastrophalen Konsequenzen Anpassung und Autoritätshörigkeit in der Praxis haben können.

Es ist selbst heute noch nicht völlig klar, was genau hinter dem Verhalten von Milgrams Versuchspersonen – und damit also der menschlichen Neigung zur Anpassung – steckt. Aber es gibt ein paar begründete Vermutungen, die sich zum Teil auch auf spätere Untersuchungen Milgrams stützen. Er selbst verweist zunächst auf den Ruf der Yale University. Der habe den Versuchsteilnehmern das Vertrauen gegeben, dass hier nichts Unrechtes passieren werde.[77] Die entscheidende Rolle spielte aber sicherlich der Versuchsleiter, der als Wissenschaftler und als Angehöriger der Universität eine legitime Autorität darstellte. Unterstrichen wurde sie durch seine kompromisslosen und jeden Zweifel ausschließenden Anweisungen an die Versuchsperson. Verließ der Versuchsleiter den Raum, dann sank die Bereitschaft, die Schocks zu verabreichen, auf ein Drittel des ursprünglichen Wertes. Noch dramatischer waren die Folgen, wenn es zwei Versuchsleiter gab, die in einen Streit um die Fortführung des Experimentes gerieten. In diesem Falle brachen alle Versuchspersonen das Experiment ab. Die Bereitschaft sank auch dann, wenn man der Versuchsperson andere vermeintliche Teilnehmer zur Seite stellte, die Zweifel äußerten und schließlich selbst den Versuch abbrachen. In diesem Falle führten nur noch zehn Prozent der Probanden den Versuch zu Ende – statt mehr als sechzig Prozent in dem ursprünglichen Experiment.[78]

Abermals zeigt sich, wie wichtig der Einfluss der Gruppe auf die Versuchspersonen ist. Von ihren eigenen Prinzipien wichen die Versuchspersonen nur ab, wenn das Verhalten aller anderen Anwesenden einheitlich in eine bestimmte Richtung ging – ganz ähnlich wie dies auch in den Experimenten von Asch der Fall war. Problematische Konsequenzen treten praktisch nur dann auf, wenn die Gruppe homogen ist. Gruppen mit einer größeren individuellen Vielfalt vermögen diesen Druck nicht zu entfalten. Des Weiteren scheinen Autorität und Hierarchie eine wichtige Rolle zu spielen: zum einen die Autorität des Versuchsleiters gegenüber der Versuchsperson, zum anderen die Autorität, die

die Versuchsperson im Namen der Wissenschaft gegenüber dem vermeintlichen Schüler ausübt. Damit bestätigt sich das Bild, das sich bereits aus den Untersuchungen von Sherif und Tajfel ergeben hatte: Individualisierungsprozesse und die mit ihnen verbundene Vielfalt von Meinungen und Verhaltensweisen wirken offenbar den verhängnisvollen Konsequenzen einer einseitigen Gruppenorientierung entgegen.

Die Untersuchungen von Milgram werfen zwei wichtige Fragen auf: Inwieweit tragen die Mitglieder menschlicher Gruppen selbst dazu bei, dass sie gemeinsam Grenzen und Prinzipien verletzen, die jeder Einzelne für sich einhalten würde? Und was geht eigentlich in Menschen vor, die anderen als Vertreter einer Autorität gegenübertreten?

Das Stanforder Gefängnis-Experiment von Zimbardo

Genau diese Fragen wurden in einem dritten berühmten sozialpsychologischen Experiment gestellt, nämlich dem sogenannten Stanforder Gefängnis-Experiment von Philip Zimbardo. Nehmen wir an, Sie hätten sich auf eine Zeitungsannonce gemeldet, in der nach Teilnehmern an einem psychologischen Experiment zum Leben in einem Gefängnis gesucht wird. Die Bezahlung ist gut, doch Sie müssen zunächst ein Interview und einen ausführlichen Persönlichkeitstest über sich ergehen lassen. Die Experimentatoren wollen nämlich sicherstellen, dass nur »normale« Menschen ohne besondere psychische Auffälligkeiten an dem Experiment teilnehmen. Das trifft auf Sie zu, denn Sie bekommen eine Zusage. Die Teilnehmer werden per Los in Gefangene und Wächter eingeteilt; Sie kommen zu den Gefangenen und müssen unterschreiben, dass Sie für die Dauer des Experiments auf einige Grundrechte verzichten.

Es ist zwar nur ein Experiment, doch schon gleich zu Beginn sieht die Sache ziemlich ernst aus. Nach ein paar Tagen, an einem ruhigen Sonntagmorgen, werden Sie nämlich von der Polizei, der echten wohlgemerkt, zu Hause vor den Augen aller Nachbarn verhaftet. Man klärt Sie über Ihre Rechte auf, durchsucht Sie nach Waffen und legt Ihnen Handschellen an. Der Vorwurf lautet auf bewaffneten Raub und Einbruch. Man bringt Sie zunächst auf die Polizeistation, dort werden Sie fotografiert und man nimmt Ihre Fingerabdrücke ab; später werden Sie mit verbundenen Augen ins »Gefängnis« gebracht, das sich in den Kellerräumen des Psychologischen Instituts befindet. Dort hält man Ihnen noch einmal die Schwere Ihres Verbrechens vor. Sie müssen sich nackt ausziehen, man entlaust Sie und nimmt Ihnen schließlich alle persönlichen Sachen einschließlich Ihrer Kleidung ab. Wie alle anderen Gefangenen müssen Sie einen merkwürdigen langen Kittel ohne Unterwäsche tragen, auf dem Ihre Gefangenennummer steht, die Sie fortan anstelle Ihres Namens tragen. Außerdem erhalten Sie Badeschuhe und eine Kopfbedeckung, die aus einem Nylonstrumpf gemacht ist, und um einen Knöchel müssen Sie eine Kette tragen.

Die »Wächter«, die in Wirklichkeit ebenfalls Versuchspersonen sind, bringen Sie in eine ziemlich echt aussehende Gefängniszelle. In den folgenden beiden Wochen sollen Sie hier mit zwei anderen »Gefangenen« wohnen. Besonders komfortabel ist die Sache nicht: Die Zelle ist so klein, dass gerade mal die drei Pritschen nebeneinanderpassen. Und wenn Sie einmal auf die Toilette gehen wollen, müssen Sie einen Wächter rufen, der Sie dann mit verbundenen Augen abführt.

Wie gesagt – es handelt sich um ein Experiment, doch davon merkt man nicht viel. Tatsächlich orientiert sich die Behandlung der Gefangenen eng an den Verfahren in amerikanischen Gefängnissen. Das Ersetzen der eigenen Kleidung durch die Gefängnisuniform, des Namens durch eine Nummer, das Entlausen und der Zwang, eine etwas lächerliche Kappe aus einem Nylonstrumpf zu tragen – all das trägt dazu bei, den Beteiligten ihre Identität zu nehmen und sie auf die Rolle als Gefangene zu reduzieren. Ähnliches gilt für die Wächter, denen die entgegengesetzte Rolle zufällt. Betont wird diese Rolle nicht nur durch Uniform, Sonnenbrille und Schlagstock, sondern auch durch die Macht, die die Wächter über die Gefangenen haben, obwohl diese in Wirklichkeit ganz normale Versuchsteilnehmer sind wie die Wächter selbst.

Zunächst müssen beide Seiten ihre Rollen ausprobieren. So demonstrieren die Wächter ihre Macht, indem sie die Gefangenen zu allen möglichen Zeiten Liegestütze machen lassen oder zu Zählappellen herausrufen – auch mitten in der Nacht. Nach kurzer Zeit haben die Wachen ihre Macht erst einmal etabliert, und es sieht so aus, als würde sich alles ganz gut einspielen. Doch schon am Morgen des zweiten Tages proben die Gefangenen den Aufstand. Sie reißen die Nummern von ihren Kitteln und nehmen die Nylonkappen ab, außerdem verbarrikadieren sie mit ihren Betten die Türen zu den Zellen.

Die Wachen sind zunächst etwas ratlos. Doch dann rufen sie Verstärkung herbei; sie verschaffen sich Zutritt zu den Zellen, indem sie die Gefangenen mit eiskaltem Kohlendioxid aus den Feuerlöschern von den Türen vertreiben. Nachdem sie alle Zellen zurückerobert haben, zwingen sie die Gefangenen, sich nackt auszuziehen; außerdem nehmen sie ihnen die Betten weg und sperren die Rädelsführer in Einzelhaft.

Von nun an werden die Gefangenen eingeschüchtert und schikaniert. So dürfen sie nach 22 Uhr nicht mehr zur Toilette gehen, sondern müssen Eimer in ihren Zellen benutzen, was nach kurzer Zeit zu einem fürchterlichen Gestank im Gefängnis führt. Schließlich untergraben die Wächter die Solidarität unter den Gefangenen, indem sie den Teilnehmern, die am wenigsten in den Aufstand verwickelt waren, eine privilegierte Zelle mit Betten zuteilen. Außerdem erlauben sie ihnen, ihre Kleidung wieder anzulegen und geben ihnen wieder etwas zu essen, während die anderen Gefangenen weiter hungern müssen.

Den Versuchsleitern gelingt es, einen Besuch von Angehörigen der Versuchspersonen noch einigermaßen glimpflich über die Bühne zu bringen, obwohl einige der Eltern ihrem Ärger Luft machen, als sie sehen, wie schlecht es ihren Kindern in dem »Gefängnis« geht. Nach und nach gerät das Experiment jedoch außer Kontrolle. Der Stress unter den Gefangenen wird so groß, dass schließlich einer von ihnen entlassen werden muss. Nicht nur die Wächter und die Gefangenen gehen vollkommen in ihrer Rolle auf – auch die Experimentatoren verlieren die Distanz zum Geschehen. Sie verhalten sich zunehmend wie echte Gefängnisdirektoren, statt ihre Aufgaben als Leiter eines sozialpsychologischen Experiments wahrzunehmen.

Dies zeigt sich insbesondere, als sich das Gerücht verbreitet, der entlassene Teilnehmer bereite eine Befreiung der anderen Gefangenen vor. Als gute Sozialpsychologen hätten die Experimentatoren beobachten müssen, wie sich das Gerücht unter den Versuchsteilnehmern verbreitet und wie die Wachen und die Gefangenen darauf reagieren – schließlich gibt es Gerüchte und Ausbruchsversuche auch in echten Gefängnissen. Doch weit gefehlt! Die Versuchsleiter reagieren völlig unprofessionell, die Dynamik der Gruppe hat längst sie selbst erfasst. Sie versuchen, den Ausbruch zu verhindern, indem sie einen Informanten unter die Gefangenen einschleusen und die echte Polizei bitten, die Gefangenen – also ihre Versuchspersonen – in einem richtigen Gefängnis unterzubringen. Glücklicherweise spielt die Polizei das Spiel nicht mit und weigert sich, die falschen Gefangenen in ein echtes Gefängnis zu stecken. Die Versuchsleiter bringen die Gefangenen daraufhin an einen anderen Ort und lassen ein leeres Gefängnis zurück.

Das Gerücht erweist sich jedoch als falsch; der Befreiungsversuch bleibt aus. Die Situation im Gefängnis eskaliert gleichwohl immer weiter. Vor allem in der Nacht, wenn die Wachen sich unbeobachtet fühlen, schikanieren sie die Gefangenen. Insgesamt müssen vier Gefangene aufgrund von emotionalen Zusammenbrüchen entlassen werden, ein anderer Gefangener bekommt einen Ausschlag, nachdem sein Gesuch auf Entlassung abgelehnt worden ist.

Die Zustände werden zusehends unhaltbar, schon allein deshalb hätte das Experiment vorzeitig abgebrochen werden müssen. Das erreicht aber erst eine gerade promovierte Psychologin, die von außen hinzukommt. Sie soll eigentlich nur Interviews mit Wachen und Gefangenen führen, doch da sie noch nicht dem Gruppendruck unterliegt, erkennt sie, wie weit das Experiment aus dem Ruder gelaufen ist. Ihr gelingt es, die Experimentatoren davon zu überzeugen, dass etwas Wesentliches nicht mehr stimmt, und so wird der Versuch, der eigentlich zwei Wochen dauern sollte, nach sechs Tagen vorzeitig beendet.

Ist das Experiment damit gescheitert?

Das Experiment wurde also abgebrochen – doch deshalb ist es längst nicht gescheitert. Im Gegenteil, es hat vielmehr gezeigt, als die Versuchsleiter ursprünglich beabsichtigt hatten. Erkennen lässt es vor allem, wie weit sich Menschen unter dem Einfluss einer Gruppe von ihren eigentlichen Prinzipien und Überzeugungen entfernen können. Unbescholtene Bürger vermögen plötzlich wie Sadisten zu handeln und ihre Mitmenschen aufs Schlimmste zu schikanieren.

Der Versuch von Zimbardo lässt uns nicht nur die üblichen Praktiken in Gefängnissen, sondern auch die Verbrechen in den Konzentrationslagern der Nazis oder Skandale wie die Folterungen in Abu Ghraib besser verstehen – wobei aus diesem Verstehen auch hier keine Entschuldigung folgt. Zimbardos Untersuchungen erlauben außerdem Rückschlüsse auf das Verhalten von Gruppen in ganz normalen Alltagssituationen. Die Ergebnisse sind umso erstaunlicher, als sie ohne jeden Druck zustande gekommen sind. Während die Versuchspersonen in den Experimenten von Milgram ausdrücklich dazu angewiesen werden mussten, den vermeintlichen Schüler mit Stromstößen zu quälen, handelten die Wächter und mehr noch die Versuchsleiter in dem Experiment von Zimbardo vollkommen freiwillig, ohne irgendwelchen Einfluss übergeordneter Autoritäten.

Die Bedeutung von Rollen

Wenn ein Experiment in einem Schein-Gefängnis bereits derart tiefgreifende Auswirkungen auf das Verhalten von normalen Versuchspersonen hat und auch routinierte Wissenschaftler, die sämtliche Hintergründe kennen, in seinen Bann zu ziehen vermag, dann kann man sich leicht vorstellen, wie groß die Bedeutung von Rollen im echten Leben sein muss. Ein gutes Beispiel hierfür sind Geschlechterrollen, also die unterschiedlichen Erwartungen an das Verhalten und die Kompetenzen von Männern und Frauen, oder aber die Zugehörigkeit zu unterschiedlichen ethnischen Gruppen. Ein weiteres Experiment zeigt, wie subtil und wie früh solche Rollenerwartungen wirksam sind.

Zwei Rollenzuschreibungen wurden dabei in einen Zusammenhang gebracht: Zum einen gelten Kinder aus asiatischen Familien in Amerika als besonders leistungsstarke Mathematiker. Zum anderen gibt es eine weitverbreitete Vorstellung, der zufolge Frauen schlechter in Mathematik sind als Männer. Was passiert nun, wenn die beiden Klischees in einen Konflikt geraten, etwa wenn es um die mathematischen Fähigkeiten von asiatischen Mädchen geht?

Untersucht wurde diese Frage von der in Harvard lehrenden Sozialpsychologin Nalini Ambady und ihren Kollegen.[79] Ihre Versuchspersonen waren allerdings keine Erwachsenen, die Zeit genug gehabt hatten, solche Klischees auf sich wirken zu lassen – untersucht wurden vielmehr fünfjährige asiatische Mädchen, die noch nicht so lange mit den Klischees in Berührung gekommen sein konnten. In dem Versuch präsentierte man den Mädchen Zeichnungen, die sie entweder auf ihre asiatische oder auf ihre weibliche Identität aufmerksam machten. Anschließend ließ man sie einen mathematischen Test lösen und verglich die Ergebnisse mit einer Vergleichsgruppe von Schülern, die sowohl ethnisch als auch hinsichtlich ihres Geschlechts gemischt war.

Die Ergebnisse waren erstaunlich: Hatte man die Mädchen nämlich mit Hilfe der Zeichnung an ihre asiatische Herkunft erinnert, dann schnitten sie in dem Test besser ab als die gemischte Vergleichsgruppe. Hatte man sie dagegen auf ihre weibliche Identität aufmerksam gemacht, waren ihre Ergebnisse schlechter. Offensichtlich ist die Rollenerwartung bereits sehr früh von großer Bedeutung. Und so kann man auch annehmen, dass die völlig unterschiedlichen Rollen von Wächtern und Gefangenen einen wichtigen Einfluss auf das Verhalten der Versuchspersonen in den Experimenten von Zimbardo ausgeübt haben.

Neben den Rollenerwartungen dürfte auch unsere Neigung zu Anpassung und Imitation von Bedeutung sein. Klar erkennbar sind dabei die Parallelen zwischen den Experimenten von Sherif und Zimbardo. Hier wie dort stehen sich zwei Gruppen gegenüber: bei Sherif die Adler und die Klapperschlangen, bei Zimbardo die Wächter und die Gefangenen. Und hier wie dort grenzen sich die Gruppen nicht nur voneinander ab, vielmehr schlägt die Abneigung in beiden Fällen in Aggression und offene Gewaltbereitschaft um. Dabei haben es die Wächter in dem Zimbardo-Experiment von den Voraussetzungen her leichter, ihre Aggressionen auszuleben, als die Gefangenen, aber auch als die Adler und Klapperschlangen bei Sherif. Doch zunächst waren es die Gefangenen, die in dem Experiment von Zimbardo aggressiv wurden. In ihrer Rebellion am zweiten Tag verspotten und verfluchen sie die Wachen. Erst danach, also nach dem Ausbruch eines offenen Konfliktes, verhalten sich die Wachen aggressiv gegenüber den Gefangenen; außerdem, so beobachtet Zimbardo, stärkt dieser Konflikt den Zusammenhalt der Wächter.

Nicht zuletzt weil sie den Gefangenen gegenüber in der Minderheit sind – neun Gefangenen stehen jeweils drei in Schichten arbeitende Wächter gegenüber –, greifen die Wächter zu psychologischen Tricks. Sie versuchen vor allem, die Solidarität der Gefangenen zu untergraben, was ihnen am Ende gelingt. Der Zusammenhalt der Wächter, aber auch ihre Aggressivität nehmen dagegen bis zum Schluss zu. Auch dies ist offenbar ein allgemeines Merkmal von Gruppenbildungen: Während der Erfolg einer Gruppe den Zusammenhalt stärkt, führt Misserfolg zur Schwächung der Gruppe.

Das Experiment von Zimbardo bestätigt damit noch einmal die oben skizzierten Annahmen über das Funktionieren von Gruppen: Die problematischen Seiten des Gruppenverhaltens wie Diskriminierung und gegenseitige Anpassung treten vor allem in homogenen Gruppen zutage, und dies insbesondere dann, wenn die Mitglieder als Mitglieder der Gruppe auftreten. Weiter verstärkt werden solche Phänomene im Falle von Konflikten.

Wie kann man das verstehen?

Sofern wir die Sache von außen ansehen, ist all dies nicht wirklich überraschend. Ganz anders sieht es aus, wenn wir die Innenperspektive einnehmen – wenn wir uns also vorstellen, wie *wir* in dieser Situation reagiert hätten. Wie schon erwähnt, ist jeder von uns davon überzeugt, dass er niemals jemanden quälen und schikanieren würde! Auf keinen Fall täten *wir* das, was die Wärter bei Zimbardo oder die Lehrer bei Milgram gemacht haben. So etwas tun immer nur die »anderen«. Nur geborene Sadisten und Psychopathen können auf die Ideen kommen, ihre Mitmenschen so zu behandeln – und *wir* sind natürlich weder Sadisten noch Psychopathen!

In der Tat: *Ich* bin fest davon überzeugt, dass *ich* es nicht machen würde, *Sie* sind fest davon überzeugt, dass *Sie* es nicht machen würden – und die Versuchspersonen bei Zimbardo waren fest davon überzeugt, dass *sie* es nicht machen würden. Mehr noch: Solange sie es taten, war ihnen die Bedeutung ihres Handelns offenbar völlig unklar. Erst später ging ihnen auf, was passiert ist. So bemerkt einer der Wächter in einem zwei Monate nach dem Versuch geführten Interview:

»Ich hatte wirklich gedacht, dass ich unfähig zu dieser Art von Verhalten sei. Ich war überrascht, nein, ich war erschrocken, herauszufinden, dass ich wirklich ein … – dass ich auf eine Art handeln könnte, die so völlig von dem abwich, was ich mir in meinen kühnsten Träumen vorstellen konnte. Und solange ich es tat, fühlte ich keinerlei Bedauern. Ich fühlte keinerlei Schuld. Erst danach, später, als ich begann, über das, was ich getan hatte, nachzudenken. Erst da begann es, begann es mir zu dämmern, was ich getan hatte, und mir wurde klar, dass es ein Teil von mir war, den ich vorher wirklich nicht wahrgenommen hatte.«

Offenbar haben wir hier nicht einfach einen Sadisten vor uns, einen Verrückten, der seine Mitmenschen aus purer Lust quält, sondern einen ganz normalen Menschen, der völlig überrascht und verstört ist von dem, was er an sich selbst erlebt hat. Die Experimentatoren hatten ja auch mit Hilfe von sorgfältigen Untersuchungen sichergestellt, dass es sich bei den Wächtern wie bei den Gefangenen um völlig gewöhnliche Erwachsene handelte. Erst das Los entschied darüber, ob jemand Wächter oder Gefangener wurde, und es gibt keinerlei Indizien dafür, dass die Sache anders ausgegangen wäre, wenn die Rollen umgekehrt verteilt worden wären. Selbst die Experimentatoren und sogar ein Gefängnispfarrer hatten sich in die Sache hineinziehen lassen.

Die traurige Wahrheit ist daher, dass niemand wirklich sicher sein kann, dass nicht auch er unter den entsprechenden Bedingungen in die Rolle eines sadistischen Wächters wechselt. Diese Beobachtung liegt auf einer Linie mit den Befunden von Asch und Milgram, und sie entspricht dem, was man von den Schergen des Naziregimes weiß – auch bei denen handelte es sich in der Regel nicht um geborene Sadisten, sondern um ursprünglich unbescholtene Bürger.

Dies bestätigt einmal mehr die obige Schlussfolgerung: Gerade weil wir unter bestimmten Bedingungen nur noch eine begrenzte Kontrolle über unser Verhalten haben, sollten wir alles unternehmen, damit diese Bedingungen möglichst niemals eintreten. In anderen, prinzipiell vergleichbaren Fällen von potentiellem Kontrollverlust tun wir dies schon längst: Jeder weiß beispielsweise, dass Alkohol seine Fähigkeit, Auto zu fahren oder Vorträge zu halten, ernsthaft beeinträchtigt. Selbst die größten Willensanstrengungen bringen die normalen Fahrkünste und rhetorischen Fähigkeiten nicht wieder zurück – und deshalb trinken wir nicht, wenn wir Vorträge halten oder Auto fahren müssen. Bei sozialen Interaktionen fehlen uns die entsprechenden Erkenntnisse noch – umso wichtiger ist es, dass wir hier Fortschritte machen, zumal die Konsequenzen ungünstiger

Konstellationen hier weit gravierender sein können. Dies gilt nicht nur für Gewalttaten oder andere Formen unmoralischen Verhaltens. Auch unser Urteilsvermögen wird unter bestimmten Bedingungen schwerwiegend beeinträchtigt, wie die Konformitätsexperimente von Asch gezeigt haben.

Die Bedeutung solcher Erkenntnisse wächst durch die Individualisierungsprozesse in den modernen westlichen Gesellschaften, auf die ich weiter unten noch genauer eingehen werde. Individualisierung heißt, dass unsere Lebenswege immer weniger von gesellschaftlichen Vorgaben und immer mehr von individuellen Entscheidungen abhängen. Und dies bedeutet, dass wir selbst immer mehr Entscheidungen treffen und damit immer häufiger in Situationen geraten, in denen wir im Vollbesitz unseres Urteilsvermögens sein müssen. Dazu sollten wir die sozialen Bedingungen kennen, die unser Urteilsvermögen und unsere Selbstkontrolle beeinträchtigen.

Massenhysterien

Einzelne Individuen lassen sich in einer Gruppe also zu moralisch fragwürdigen Verhaltensweisen hinreißen. Es gibt noch eine Reihe anderer Einflüsse, die Gruppen auf ihre einzelnen Mitglieder ausüben. Diese sind nicht nur in psychologischen Experimenten zu beobachten und sie betreffen nicht allein unmoralisches Verhalten – manchmal ist es nicht verwerflich, sondern einfach nur dumm, sich von einer Gruppe zu bestimmten Handlungen hinreißen zu lassen. Die Geschichte, insbesondere die Wirtschaftsgeschichte, liefert reiches Anschauungsmaterial dafür, wie unser allgemeines Urteils- und Entscheidungsvermögen in Mitleidenschaft gezogen werden kann. Dies reicht bis zu regelrechten Massenhysterien, in denen Menschen jegliche Vernunft verlieren, wie ich im Folgenden zeigen werde. Auf der anderen Seite möchte ich aber auch demonstrieren, dass Gruppen unter bestimmten Bedingungen äußerst vernünftige Entscheidungen und Urteile zu treffen vermögen. Ich werde daher zum Schluss dieses Abschnittes etwas über die Faktoren sagen, die rationales Verhalten von Gruppen beeinträchtigen beziehungsweise fördern können.

Die Tulpenspekulation in Holland

Während im Mittelalter und in der frühen Neuzeit Massenbewegungen vor allem durch Religionen ausgelöst wurden, bewirkt dies in jüngerer Zeit eher die Aussicht auf Reichtum. Die entsprechenden Wahnvorstellungen scheitern im Allgemeinen ebenso schnell an der Realität wie die religiösen Manien, nur sind die finanziellen Verluste für die Beteiligten meist höher. Eines der frühesten Beispiele dafür ist die sogenannte Tulpenspekulation zu Beginn des 17. Jahrhunderts in Holland.

Tulpenzwiebeln wurden erstmals um die Mitte des 16. Jahrhunderts nach Europa eingeführt. Zunächst bestellten Blumenliebhaber die Zwiebeln direkt in Konstantinopel, seit dem Ende des 16. Jahrhunderts wurden sie dann auch in Holland angebaut. Da die Tulpen sehr empfindlich waren und nur in einem sehr eingeschränkten Maß vermehrt werden konnten, wurden sie bald zu einem gesuchten Luxusartikel, der nicht mehr nur zwischen Liebhabern getauscht, sondern auch von kommerziellen Unternehmen gehandelt wurde.

In der Folge kam es zu Beginn des 17. Jahrhunderts zu einer massiven Preissteigerung, später auch zu einer regelrechten Spekulation, die durch den Handel mit notariell bestätigten Verträgen über den zukünftigen Verkauf von Zwiebeln weiter angeheizt wurde. Solche Verträge hatten sich etabliert, weil der physische Verkauf der Zwiebeln aus biologischen Gründen nur zwischen Juni und September möglich war. Eine besonders dramatische Form nahm die Spekulation im Laufe des Jahres 1636 an. Die Spekulanten trieben sich gegenseitig zu immer höheren Geboten, bis am Ende einzelne Tulpenzwiebeln mehr als den zehnfachen Preis des Jahreseinkommens eines Handwerkers erreichten:[80] Während Letzterer mit etwa 300 Florin im Jahr rechnen konnte, wurden auf dem Höhepunkt der Spekulation mehr als 4 000 Florin für einzelne Tulpenzwiebeln bezahlt. Setzt man das Jahreseinkommen eines Handwerkers heute mit 30 000 Euro an, dann hätte man für eine Tulpenzwiebel also mehr als 400 000 Euro aufwenden müssen.

Mit dem Fortgang der Spekulation zweifelten immer mehr Spekulanten daran, dass die exorbitanten Preise auf die Dauer zu halten seien. Sie verkauften Zwiebeln und Kontrakte; die Preise fielen, was zu weiteren Verkäufen führte, die ihrerseits die Preise weiter fallenließen. Anfang Februar 1637 brach die Spekulation dann innerhalb weniger Tage komplett in sich zusammen. Die Preise fielen wieder auf das ursprüngliche Niveau zurück – die Verluste für die Spekulanten waren immens.

Die Südsee-Spekulation

Entstehung und Platzen von Spekulationsblasen sind ohne die gegenseitige Beeinflussung der Beteiligten nicht zu verstehen. Diese führt am Beginn dazu, dass plötzlich alle ein bestimmtes Gut haben wollen und damit eine künstliche Verknappung mit den unvermeidlichen Preissteigerungen bewirken. Und am Ende bestärken sich alle darin, möglichst schnell das Spekulationsobjekt loszuwerden, so dass die Preise ins Bodenlose stürzen. Das lässt sich auch an einem weiteren Fall beobachten, der sogenannten Südsee-Spekulation im England des frühen 18. Jahrhunderts. Gegenstand dieser Spekulation waren Aktien der 1711 gegründeten *South Sea Company*, die sich ein Monopol auf den Handel mit Südamerika, insbesondere auf den Sklavenhandel gesichert hatte. Aus Sicht der englischen Regierung diente der Handel der Verringerung der Staatsschuld, da die *South Sea Company* im Gegenzug für das Monopol und einige weitere Zugeständnisse einen größeren Teil der englischen Staatsschuld übernommen hatte.

Die Selbstverpflichtung der Regierung, diese Schuld zu verzinsen, und die Ausschaltung von Konkurrenzunternehmen im Juni 1720, zudem gezielt verbreitete Gerüchte über die hervorragenden Verdienstmöglichkeiten in Übersee sorgten für ein stetig zunehmendes Interesse an den Aktien der Gesellschaft, deren Kurs sich innerhalb eines Jahres von ursprünglich hundert auf tausend Pfund im August 1720 verzehnfachte. Doch dann kam es plötzlich zu einer ebenso dramatischen Umkehr des Trends. Hierfür sorgten Befürchtungen, dass die erhofften Gewinne vor allem aus dem Sklavenhandel wohl nie zu realisieren seien. Spekulanten wollten von einem Tag auf den anderen ihre Gewinne mitnehmen, und Anleger mussten ihre auf Kredit gekauften Aktien zur Rückzahlung der Kredite verkaufen. Innerhalb von sechs Wochen stürzte die Aktie von tausend auf hundertfünfzig Pfund ab und trieb damit viele Investoren in den Ruin.

Die Mississippi-Spekulation

Ganz ähnliche Beobachtungen lassen sich an der sogenannten Mississippi-Spekulation fast zur selben Zeit in Frankreich machen.[81] Die Spekulation wurde von dem schottischen Abenteurer und Bankier John Law (1671–1729) initiiert. Nach einer ebenso wechselhaften wie fragwürdigen Karriere als Duellant und Glücksspieler avancierte er aufgrund seiner Freundschaft zum Regenten Philipp von Orléans, aber auch aufgrund seiner zentralen Rolle bei der Ersetzung des Metallgeldes durch Banknoten zu einer Schlüsselfigur des französischen Finanzsystems am Beginn des 18. Jahrhunderts. Law gründete 1716 die *Banque Générale,* die mit Papiergeld arbeitete und sich aufgrund ihres seriösen Finanzgebarens schnell das Vertrauen der Öffentlichkeit erwarb. Ein Jahr später rief er die *Compagnie d'Occident* ins Leben, für die er sich dank seiner hervorragenden Beziehungen eine Vielzahl von Privilegien, insbesondere bei der Ausbeutung der französischen Kolonien, zu sichern wusste. Aufgrund dieser Privilegien sowie der von Law lancierten Gewinnprognosen setzte schnell ein Run auf die Aktien der Firma ein, der den Kurs in astronomische Höhen trieb, Spekulanten über Nacht zu Millionären machte und außerdem zu einer bemerkenswerten ökonomischen Belebung in Frankreich führte.

Doch auch hier folgte der Manie schnell die Depression. Wie nicht anders zu erwarten, stellte sich nämlich bald heraus, dass Laws Gewinnprognosen unrealistisch und die Kurse nicht zu halten waren. Der Wert der Aktien, der teilweise beim zwanzigfachen Betrag des Nennwertes gelegen hatte, stürzte im Winter 1719 in kurzer Zeit ins Bodenlose. Law konnte sich angesichts der Wut der um ihr Vermögen gebrachten Anleger seines Lebens nicht mehr sicher sein und musste Paris verlassen.

Die Liste von ökonomischen Massenhysterien und -paniken ließe sich leicht verlängern. Der Gründerkrach, der in Deutschland 1873 den Konjunkturboom nach der Reichsgründung beendete, der Börsenkrach, der 1929 die Weltwirtschaftskrise einleitete, der Absturz der New Economy im März 2000 und schließlich die im Jahre 2008 einsetzende Weltfinanzkrise zeigen, dass wir herzlich wenig aus früheren Desastern gelernt haben.

Ganz offensichtlich ist es mit der angeblichen Rationalität der Märkte, wie sie von den Lobsängern eines schrankenlosen Liberalismus gerne beschworen wird, nicht weit her. Unsere sozialen Fähigkeiten, insbesondere unsere Tendenz, das Verhalten anderer zu imitieren, haben ein paar unangenehme Nebeneffekte, die insbesondere in Gruppen leicht zu einem irrationalen Verhalten führen. Das rührt nicht zuletzt daher, dass unsere sozialen Fähigkeiten in Phasen der Evolution entstanden sind, in denen es noch keine Aktienmärkte und Börsenspekulationen gab – stattdessen kam es darauf an, Feinden zu entkommen, Nahrungsmittel zu finden und Gruppen zusammenzuhalten. Und in all diesen Fällen war Imitation eine sinnvolle Strategie: Wenn alle fliehen, sollte man möglichst nicht stehen bleiben. Wer aus der Reihe tanzt, läuft Gefahr, gefressen zu werden, während ein Mitläufer im schlimmsten Fall auf einen falschen Alarm hereinfällt.

Imitationsverhalten findet sich natürlich auch im Alltag. Wenn jemand eine gute, ausgefallene Idee hat, kann es leicht passieren, dass diese sich wie ein Virus weiterverbreitet. Wenn es ein Video auf YouTube oder ein Song auf iTunes ist, ist die Sache harmlos, hier ist man auf einen größeren Andrang eingerichtet. Auch ein plötzlicher Run auf Alltagsgegenstände hat keine allzu dramatischen Konsequenzen: Wenn alle plötzlich vegetarisches Essen oder grünen Tee kaufen wollen, weil sie das für gesund oder cool halten, dann steigen die Preise eben ein wenig und die Sache pendelt sich wieder ein. Einerseits werden diese Preissteigerungen viele potentielle Interessenten dazu veranlassen, es sich anders zu überlegen, andererseits wird auf diese Weise ein Anreiz gesetzt, mehr vegetarisches Essen und grünen Tee zu produzieren, schließlich gibt es aufgrund der höheren Preise und der gestiegenen Nachfrage mehr zu verdienen.

Doch warum funktioniert das auf den Aktienmärkten nicht immer? Angeblich handelt es sich doch gerade hier um eine höchst rationale Angelegenheit, bei der die Kräfte des Marktes hart, aber unbestechlich über den wahren Wert von Unternehmen, ja sogar von Staaten befinden.

Wer so argumentiert, übersieht einen Systemfehler: Bei Aktien handelt es sich per se immer auch um Spekulationsobjekte, und bei denen funktioniert die Selbstregulation über höhere Preise nicht. Auch bei sehr hohen Kursen kann man noch damit rechnen, die bereits überteuerten Aktien zu einem noch höheren Preis wieder loszuwerden. Dabei ergibt sich ein verhängnisvolles Zusammenspiel des menschlichen Nachahmungstriebes mit den Mechanismen des Aktienmarktes. Wir orientieren uns an dem Verhalten anderer, die eine bestimmte Aktie kaufen wollen, und der Aktienmarkt suggeriert uns, dass wir damit auch noch Geld verdienen können. So kommt es zu Kurssteigerungen, die mit dem wirklichen Wert einer Aktie nichts mehr zu tun haben. Und dieser Mechanismus wirkt in beide Richtungen – wenn erst einmal eine genügend große Anzahl von Spekulanten ihre Aktien verkauft, weil sie diese für überteuert hält, dann kann dies eine Kettenreaktion in der umgekehrten Richtung auslösen und die zuvor überbewertete Aktie stürzt ebenso schnell wieder ab.

Es kann in diesem Buch nicht darum gehen, Vorschläge für eine Börsenreform zu machen. Doch wie auch immer eine solche Reform aussehen mag – sie sollte in jedem Falle den skizzierten Erkenntnissen über unser Sozialverhalten gerecht werden: Sie liefern uns Ansätze dazu, verhängnisvolle Kettenreaktionen zu vermeiden oder zumindest einzudämmen. Schöne Sonntagsreden zu den Risiken von Aktienspekulationen nutzen da wenig. Wir müssten vielmehr die Rahmenbedingungen für unser

Sozialverhalten so verändern, dass die Entstehung solcher Massenphänomene zumindest erschwert wird.

Einblick in diese Vorgänge zu gewinnen könnte auch deshalb von Vorteil sein, weil es ganz ähnliche Prozesse in anderen Bereichen gibt, die – kaum auffällig und daher in der Öffentlichkeit häufig übersehen – ebenfalls weitreichende Folgen haben können. Befassen wir uns also noch ein wenig genauer mit der Dynamik von Gruppen und ihren Entscheidungen. Im Folgenden möchte ich weitere Beispiele für offenbar verfehlte Gruppenentscheidungen analysieren und beschreiben, wie die Mitglieder einer Gruppe einander daran hindern können, angemessene Entscheidungen zu treffen. Anschließend werde ich zeigen, dass Gruppenmitglieder einander auch unterstützen und zu Entscheidungen gelangen können, die wesentlich besser sind als das, was jedes Mitglied für sich genommen schaffen würde.

Des Kaisers neue Kleider, oder: Was bei Gruppenentscheidungen schieflaufen kann

Der Verdacht, dass man Gruppenentscheidungen nicht trauen kann, ist alles andere als neu. Er findet sich bereits in einer alten Geschichte, die fast jeder kennt. Die Geschichte stammt ursprünglich aus der maurischen Tradition, gelangte dann in eine spanische Sammlung und wurde schließlich unter dem Titel »Des Kaisers neue Kleider« durch Hans Christian Andersen berühmt. Die Sache ist schnell erzählt: Ein Kaiser lässt sich von zwei Gaunern für viel Geld neue Kleider machen. Die Gauner erklären, die Kleider seien unsichtbar, wenn man entweder dumm oder seines Amtes unwürdig sei. Und da der Kaiser weder dumm noch unfähig erscheinen will, behauptet er ebenso wie sein gesamter Hofstaat, er könne die Kleider sehen. Entlarvt wird der Schwindel von jemandem, der nicht zur Gruppe der Erwachsenen gehört: von einem Kind, das sich von der Lügengeschichte nicht hinters Licht führen lässt, weil es die Geschichte nicht versteht und auch keine Angst zu haben braucht, sich vor der Gruppe als dumm oder unfähig zu blamieren.

Natürlich ist dies nur ein Märchen; doch es wäre wohl kaum so populär geworden, hätte es nicht einen wahren Kern. Es gibt eine ganze Reihe von Belegen dafür, dass Gruppenentscheidungen unter bestimmten Bedingungen wenig sachgemäß ausfallen. Dass Personen, die von außen hinzukommen, ein heilsames Gegengewicht bilden können, hatten wir bereits oben in Zusammenhang mit dem Gefängnis-Experiment von Zimbardo gesehen.

Ein aufschlussreiches Beispiel für die Problematik von Gruppenentscheidungen bietet das Handeln einer Kommission, die für die Betreuung der amerikanischen Raumfähre Columbia im Jahre 2003 verantwortlich war, das sogenannte *Mission Management Team*. Die Raumfähre stürzte bekanntlich damals auf dem Rückflug kurz vor der Landung ab. Grund war die Beschädigung einiger Hitzeschutzkacheln durch ein Schaumstoffteil beim Start. Die Kacheln sollten die Raumfähre vor der großen Hitze beim Wiedereintritt in die Erdatmosphäre bewahren. Aufgrund der Startschäden konnten die Kacheln aber ihre Funktion nicht mehr erfüllen, und die Raumfähre verglühte bei der Rückkehr zur Erde.

Bemerkenswert an dem ganzen Vorgang war, dass die NASA keinerlei Gegenmaßnahmen ergriff, obwohl das Problem bereits während des Fluges erkannt worden war. Das Ablösen des Schaumstoffteils war auf den Fernsehbildern gut zu erkennen, und Untersuchungen noch während des Fluges förderten einige besorgniserregende Umstände zutage. So kam eine Berechnung zu dem Ergebnis, dass der Aufprall des Schaumstoffteils auf die Kacheln die Sicherheit der Raumfähre gefährdete, außerdem äußerte eine Gruppe, die für die Abschätzung der Auswirkungen dieses Aufpralls verantwortlich war, ernsthafte Bedenken hinsichtlich der Sicherheit der Fähre.

Alle diese Bedenken wurden jedoch in dem für die Entscheidung verantwortlichen *Mission Management Team* als bedeutungslos verworfen. Auf Initiative seiner Leiterin beschäftigte sich das vergleichsweise kleine Team überhaupt nur im Vorübergehen mit diesem Problem. Anträge, den Schaden mit Kameras der militärischen Aufklärung zu untersuchen oder durch die Crew der Columbia inspizieren zu lassen, wurden abgelehnt.[82] So nahm das Unglück seinen Lauf. Aufgrund der beschädigten Kacheln wurde beim Wiedereintritt der Raumfähre in die Atmosphäre am Morgen des 1. Februar 2003 die Struktur des betroffenen Flügels zerstört, was schließlich nach wenigen Minuten zum Auseinanderbrechen der Fähre und zum Tod der Besatzung führte.

Das offensichtliche Versagen des *Mission Management Teams* ist kein Einzelfall. Vielmehr gibt es eine Vielzahl von Belegen für systematische Probleme bei Entscheidungen, die insbesondere von kleinen Gruppen getroffen werden. Hierarchieverhältnisse sind wesentlich verantwortlich dafür, wie ernst die Äußerung eines Gruppenmitglieds genommen wird – auch bei der Columbia-Katastrophe spielte die Leitung des *Mission Management Teams* eine verhängnisvolle Rolle. Falsche Einschätzungen von in der Hierarchie hochstehenden Personen haben häufig einen größeren Einfluss auf die Gruppenentscheidung als richtige Einschätzungen untergeordneter Mitglieder.

Welch katastrophale Konsequenzen dies haben kann, zeigte auch der Absturz eines Birgen-Air-Flugzeugs im Februar 1996 in der Dominikanischen Republik. Bei der Maschine war die Staudrucksonde zur Geschwindigkeitsmessung vermutlich durch ein Wespennest verstopft und zeigte daher eine viel zu hohe Geschwindigkeit an. Zwar bemerkte der Kapitän den Fehler bereits während des Starts, entschied sich aber gegen die Vorschriften für eine Fortsetzung des Fluges. Kurze Zeit später erhielten die Piloten Warnungen, dass das Flugzeug zu schnell fliege. Gleichzeitig versuchte der Autopilot, die – eigentlich korrekte – Geschwindigkeit zu reduzieren, unter anderem indem er den sogenannten Anstellwinkel der Maschine vergrößerte, sie also besonders steil aufwärtsfliegen ließ. Dadurch verringerte sich die Geschwindigkeit so weit, dass nun massive Warnungen vor zu geringer Geschwindigkeit ertönten. Versuche, die Geschwindigkeit zu erhöhen, blieben erfolglos, vermutlich weil der Kapitän versäumte, den geschwindigkeitsdrosselnden Steigflug zu beenden. Das Flugzeug wurde schließlich durch den Ausfall eines Triebwerks unkontrollierbar und stürzte ab.

Bei der Untersuchung der Tonbandaufnahmen aus dem Cockpit stellte sich heraus, dass sowohl der Kopilot als auch eine dritte im Cockpit anwesende Person den Kapitän vorsichtig auf das entscheidende Problem aufmerksam gemacht hatten, nämlich darauf, dass sich das Flugzeug immer noch in der kraftraubenden Stellung für den Steigflug befand. Der Kopilot wagte es jedoch nicht, selbst einzugreifen und das Flugzeug in eine flachere Position zu bringen. Offensichtlich verhinderte die Hierarchie im Cockpit, dass essentielle Erkenntnisse handlungswirksam wurden – eben weil sie von untergeordneten Mitgliedern der Gruppe und nicht vom Kapitän selbst gemacht wurden. Eine Konsequenz aus dem Unglück war, dass die Schulungen von Copiloten geändert wurden, um sie in vergleichbaren Situationen zu einem entschlosseneren Eingreifen zu befähigen.

Schon die oben beschriebenen Experimente von Stanley Milgram haben gezeigt, wie stark wir in unseren Entscheidungen durch Macht beeinflusst werden: Milgrams Probanden hatten sich von dem Versuchsleiter »im Namen der Wissenschaft« dazu bringen lassen, ihren vermeintlichen Schülern potentiell tödliche Stromstöße zu verabreichen. Das ging ohne jeglichen Zwang, der Versuchsleiter hatte die Versuchspersonen lediglich im Namen der Wissenschaft aufgefordert, den Versuch fortzusetzen. Weigerte sich die Versuchsperson auch nach der vierten Aufforderung, dann wurde der Versuch abgebrochen – wozu es nur bei vierzehn der vierzig Versuchspersonen kam. Angesichts dieses Befundes ist es nicht weiter verwunderlich, dass Gruppen, die von ausgeprägten Machtstrukturen beherrscht werden, zu Fehlentscheidungen neigen.

Neben den Machtverhältnissen hat auch das Redebedürfnis wichtigen Einfluss auf Gruppenentscheidungen: Personen, die sich häufig äußern, haben im Allgemeinen einen größeren Einfluss als weniger gesprächige Gruppenmitglieder. Das ist deshalb problematisch, weil gerade die ersten Äußerungen in einer Diskussion einen bestimmenden Einfluss ausüben – und diese in der Regel eher von den gesprächigeren Mitgliedern kommen. Zudem neigen gerade Vertreter extremer Ansichten dazu, sich häufiger und bestimmter als ihre moderaten Kollegen zu äußern. Das erklärt, warum Gruppenentscheidungen, verglichen mit den individuellen Ansichten der Gruppenmitglieder, eher zu den Extremen neigen.

Die Weisheit der Massen – Warum Gruppenentscheidungen vernünftig sein können

All dies könnte zu dem Schluss führen, dass Gruppenentscheidungen im Allgemeinen irrational und wenig vorhersagbar sind. Dass sie es unter bestimmten Umständen *sein können,* ist schwer zu bestreiten; dass sie es aber grundsätzlich *sein müssen,* ist schlichtweg falsch. Unter entsprechenden Bedingungen können Gruppenentscheidungen extrem genau und zuverlässig sein, ja, sie können sogar zu Ergebnissen führen, die von keinem Einzelnen alleine zu erreichen wären – noch nicht einmal von den besten Experten der Gruppe.

Besonders auffällig ist dies in solchen Fällen, in denen Gruppen eindeutig beschreibbare Ereignisse wie zum Beispiel den Ausgang von Wahlen vorhersagen sollen. Eindeutig müssen die Ereignisse deshalb sein, weil nur so im Nachhinein wirklich festgestellt werden kann, ob die Prognose richtig war. Ob der letzte Sommer schön war, hängt unter anderem davon ab, was man unter einem schönen Sommer versteht. Wenn Sie aber vorausgesagt haben, dass John McCain mit einem Stimmenanteil von 53 Prozent als Sieger aus den amerikanischen Präsidentschaftswahlen im Jahre 2008 hervorgehen würde, werden Sie nicht um die Einsicht herumkommen, dass Sie sich geirrt haben.

Der Iowa Electronic Market

Um zu besseren Ergebnissen zu gelangen, haben Wissenschaftler an der Universität von Iowa den *Iowa Electronic Market* eingerichtet. Teilnehmer sind ganz normale Bürger, die ihre Voraussagen mit Hilfe von Wetten machen, die sie kaufen und verkaufen können. Dabei müssen sie für die Wette auf einen bestimmten Kandidaten umso mehr bezahlen, je höher die Erfolgschancen durch die bisherigen Wetter eingeschätzt werden. Wollte man beispielsweise bei den kalifornischen Gouverneurswahlen 2003 eine Wette auf Arnold Schwarzenegger abschließen, dessen Wähleranteil zu diesem Zeitpunkt auf 50 Prozent geschätzt wurde, dann hätte man 50 Cent für die Wette bezahlen müssen und im Erfolgsfall einen Dollar erhalten. Wäre der Wähleranteil auf 30 Prozent geschätzt worden, dann hätte der Preis bei 30 Cent gelegen. Da man im Erfolgsfall wiederum einen Dollar erhalten hätte, wäre der Gewinn also entsprechend größer gewesen.

Die Voraussagen dieses Projekts haben sich als extrem genau erwiesen. Nimmt man die fünf amerikanischen Präsidentschaftswahlen zwischen 1988 und 2008 als Grundlage, dann waren die Prognosen aus dem *Market* unmittelbar vor der Wahl in 74 Prozent der untersuchten Fälle genauer als die der professionellen Wahlforschungsunternehmen. Die Voraussagen des Projekts wichen durchschnittlich nur um 1,33 Prozentpunkte von den tatsächlichen Ergebnissen ab, die Voraussagen der Wahlforscher dagegen um 1,62 Prozentpunkte. Noch dramatischer sind die Unterschiede, wenn man auf die Prognosen hundert Tage vor der Wahl schaut: In diesem Falle waren die Voraussagen des *Market* immer besser als die der professionellen Wahlforscher![83]

Diese Befunde sind umso eindrucksvoller, als es einfache Laien sind, die mit den professionellen Wahlforschern konkurrieren, und diese Laien noch nicht einmal einen repräsentativen Querschnitt der Bevölkerung darstellen. Das Beispiel zeigt, dass Gruppen unter bestimmten Bedingungen zu wesentlich besseren Entscheidungen gelangen als einzelne Individuen, und zwar auch dann, wenn die Gruppen großenteils aus ganz normalen Bürgern bestehen, während es sich bei den Individuen um ausgewiesene Experten handelt.

Ein weiteres Beispiel liefert die Katastrophe der Raumfähre Challenger, die am 27. Januar 1986 beim Start explodierte und alle sieben Astronauten in den Tod riss. Eine Untersuchung der Absturzursache stellte später fest, dass ein von der Firma Thiokol hergestellter defekter Dichtungsring an einer der Zusatzraketen den Austritt heißer Gase erlaubt hatte, die dann schließlich zu einer Explosion des zusätzlichen Treibstofftanks führten. Bemerkenswert ist hier, dass das erst viele Monate später vorliegende Ergebnis innerhalb kürzester Zeit durch die Reaktion des Aktienmarktes vorweggenommen wurde. Während sich die Aktien der anderen an der Produktion des Spaceshuttles beteiligten Hersteller bereits am Abend der Katastrophe weitgehend erholt hatten, verloren die Aktien von Thiokol nahezu zwölf Prozent. Zu diesem Zeitpunkt waren allenfalls Mutmaßungen über die Absturzursache im Umlauf.[84] Doch offenbar reichten diese aus, um das Verhalten der Gruppe in die richtige Richtung zu lenken – zumal die einzelnen Marktteilnehmer angesichts fehlender Berichterstattung über die Entwicklung der Aktie offenbar unabhängig voneinander handelten. Das Beispiel zeigt im Übrigen auch, dass Aktienmärkte durchaus rational reagieren *können*. Voraussetzung dafür ist, dass die oben beschriebenen Kettenreaktionen ausbleiben, in denen die Teilnehmer nicht mehr die reale Sachlage – in diesem Fall den Wert und die weiteren Perspektiven der Firma Thiokol –, sondern nur noch das mutmaßliche Verhalten der anderen Teilnehmer im Blick haben.

Andere Beispiele ergeben sich aus einem Vergleich zwischen den Antworten von Experten und denen des Studiopublikums in der amerikanischen Version von *Wer wird Millionär?*. Ähnlich wie in der deutschen Fassung haben die Teilnehmer dort unter bestimmten Bedingungen die Möglichkeit, Fragen, die sie nicht lösen können, an das Publikum im Studio oder aber an ausgewiesene Fachleute weiterzuleiten. Während die Experten nur in sechzig Prozent der Fälle die Lösungen wussten, hatte das Studiopublikum in neun von zehn Fällen die richtige Antwort parat. Auch hier ist der Hinweis angebracht, dass es sich in der Regel um ein Publikum von Laien handelte. Dennoch kamen sie als Gruppe zu besseren Resultaten als die Experten.

Illustrieren lässt sich dieser Punkt schließlich auch mit Internet-Suchmaschinen. Seiten zu finden, auf denen ein bestimmtes Stichwort auftritt, ist eigentlich einfach. Das Problem besteht darin, dass eine solche Suche in der Regel zu viele Seiten findet. Die wirklich wichtigen Ergebnisse gehen dann in dem Wust der vielen völlig unwichtigen Seiten unter. Die ersten Suchmaschinen waren daher kaum brauchbar, weil niemand in der Lage war, die wenigen relevanten Ergebnisse unter den vielen unwichtigen aufzuspüren.

Durchgreifend geändert hat sich dies erst seit dem Auftreten von Google. Der entscheidende Kunstgriff, den die Google-Entwickler anwandten, bestand darin, sich auf die Urteile der Internetbenutzer selbst zu verlassen. Auch hier ist es also wieder die Intelligenz von Gruppen, die den entscheidenden Beitrag liefert. PageRank, der von Google verwendete Algorithmus, basiert auf Erkenntnissen der empirischen Sozialforschung, die bereits seit der Mitte des vergangenen Jahrhunderts vorliegen.[85] Ursprünglich ging es dabei darum, den Rang eines Individuums innerhalb einer Gruppe zu bestimmen. Zu diesem Zweck griff man auf die Zahl der Verbindungen zu anderen Gruppenmitgliedern zurück. Unterstellt wurde dabei, dass »wichtige« Mitglieder einer Gruppe Kontakte zu vielen anderen haben, während weniger wichtige eher isoliert sind.

PageRank nutzt ein ganz ähnliches Verfahren, um die Bedeutung einer Webseite zu bestimmen: Sie wird einfach an der Zahl der Verweise auf diese Seite gemessen. Je mehr andere Seiten auf meine Webseite verweisen, desto wichtiger ist sie, je weniger dies tun, desto unwichtiger. Zusätzlich wird die Bedeutung der Seiten berücksichtigt, von denen die Verweise ausgehen. Ein Verweis von einer wichtigen Seite zählt mehr als der Verweis von einer unwichtigen Seite.

Die Idee dahinter ist, dass jeder, der eine Webseite erstellt, vor allem auf die Seiten verweist, die er für wichtig hält; zu denjenigen, die ihn nicht interessieren, wird er kaum einen Link herstellen. Genau damit hat sich Google das Urteilsvermögen der Internetbenutzer zu eigen gemacht. Wichtige Seiten erscheinen bei einer Suchanfrage an der Spitze der Ergebnisliste, unwichtige Seiten am Ende. Zwar ist der von Google benutzte Mechanismus bekanntlich nicht fehlerfrei, und es geht eine Reihe anderer, zum Teil geheim gehaltener Faktoren in die Bewertung ein, doch die Ergebnisse sind alles in allem erstaunlich gut. So gut, dass die Konkurrenz sich nach wie vor schwertut, Google das Wasser abzugraben.

Wie passt das zusammen?

Gibt es hier aber nicht einen Widerspruch? Einerseits erscheinen Verhalten und Entscheidungen von Gruppen oft völlig irrational, teilweise geradezu hysterisch. Man denke nur an die oben genannten Beispiele von der Tulpenspekulation bis hin zu den Fehlentscheidungen bei der Columbia-Katastrophe. In fast all diesen Fällen hätte jedes halbwegs vernünftige Individuum, das nicht von den Zwängen der Gruppe befallen ist, eine bessere Entscheidung getroffen. Andererseits verhalten Gruppen sich unter bestimmten Bedingungen äußerst rational und kommen zu Einsichten, zu denen kein einzelnes Mitglied allein in der Lage gewesen wäre.

Die genannten Beispiele folgen nicht einfach zwei klar unterscheidbaren Schemata, so dass man die einen ins Töpfchen der rationalen, guten Entscheidungen und die anderen ins Kröpfchen der hysterischen Fehlentscheidungen packen könnte. Vor allem gibt es nicht einfach *den* genialen Trick, der dafür sorgte, dass Gruppen nur noch zu vernünftigen Ergebnissen kommen. Aber das Ganze ist auch keine Zauberei. Wie bereits angekündigt, lassen sich ein paar charakteristische Bedingungen ausmachen, die darüber entscheiden, ob Gruppen eher zu hysterischen Überreaktionen oder zu vernünftigem Verhalten neigen.

Das wird schon deutlich, wenn man sich fragt, wie Hysterien und Fehlentscheidungen in Gruppen überhaupt entstehen können. In welcher Hinsicht also sind Gruppen anfälliger für Fehlentscheidungen als einzelne Individuen? Einen wichtigen Hinweis liefern die Experimente von Solomon Asch, in denen es um den Längenvergleich zwischen zwei Geraden ging. Diese Experimente zeigten, dass die Mitglieder einer Gruppe einander massiv beeinflussen können. Dabei müssen sie keinerlei Druck ausüben; Voraussetzung ist allerdings, dass sie eine einheitliche Meinung vertreten. Vergleichbare Prozesse gibt es auch in Gruppendiskussionen, in denen die zuerst gemachte Äußerung eine besonders große Bedeutung hat. Die nachfolgenden spielen nur noch eine weniger wichtige Rolle, ja, es ist angesichts der Experimente von Asch zu befürchten, dass sich die späteren Beiträge selbst der Stimmung anpassen, die durch die erste Äußerung artikuliert und damit in einem gewissen Sinne festgelegt wurde. Auch bei der Entstehung von Massenhysterien wie etwa der Tulpenspekulation scheint eine Art gegenseitiger »Ansteckung« eine wichtige Rolle zu spielen. Die Mitglieder von Gruppen beeinflussen einander gegenseitig und schaukeln sich so hoch. Auf die Idee, mehr als 400 000 Euro für eine Tulpenzwiebel auszugeben, würde unter normalen Umständen kein einzelnes Individuum kommen. Wie wir bereits gesehen haben, wird die Sache noch schlimmer, sobald Macht und Hierarchien ins Spiel kommen. Tatsächlich gibt es viele Belege dafür, dass gegenseitige Einflüsse, Abhängigkeiten und insbesondere hierarchische Beziehungen die Entscheidungen und Erkenntnisse von Gruppen beeinträchtigen können.

Weniger anfällig für Fehlentscheidungen sind dagegen Gruppen, die möglichst heterogen sind – dies bestätigen unter anderem die Untersuchungen Surowieckis zum Entscheidungsverhalten von Gruppen.[86] Die dahinterstehende Idee ist wieder leicht nachvollziehbar: Eine Gruppe, deren Mitglieder einander völlig gleich sind, wird in aller Regel zu Ergebnissen kommen, zu denen jedes der Mitglieder auch von alleine gelangt wäre. Haben die einzelnen Mitglieder beispielsweise einen Hang zu riskanten Entscheidungen, dann wird auch die gesamte Gruppe diesen Hang an den Tag legen, ja, es kann gut sein, dass sich die Mitglieder gegenseitig bestärken und damit noch viel unvorsichtiger reagieren, als jeder es alleine tun würde. Damit werden sie aller Wahrscheinlichkeit nach übertrieben große Risiken eingehen. Kommen dagegen ganz unterschiedliche Charaktere in einer heterogenen Gruppe zusammen, dürfte es zu einem Ausgleich zwischen risikoscheuen und risikoliebenden Mitgliedern kommen, ja, die gesamte Gruppe kann von den besonderen Fähigkeiten einzelner Mitglieder profitieren.

Nicht nur die Mitglieder sollten möglichst unabhängig voneinander sein – dasselbe gilt auch für die Entscheidungen. Bei normalen Marktverhältnissen ist dies der Fall: Welches Auto ich kaufe oder nicht, hängt in erster Linie von meiner eigenen Einschätzung ab. Vielleicht ziehe ich noch einen Experten zu Rate, aber ansonsten vertraue ich auf mein eigenes Urteil. Anders liegen die Dinge, wenn es einer Firma gelingt, eine regelrechte Hysterie für ein Produkt zu erzeugen, wie es in letzter Zeit häufiger beispielsweise bei Apple geschah. Die Irrationalität, die dadurch ausgelöst wird, kann man etwa daran ersehen, dass potentielle Kunden für Apple-Produkte bei eBay höhere Preise bezahlen, als Apple selbst verlangt.

Immerhin bleibt es dabei, dass die steigenden Preise solchen Hysterien eine gewisse Grenze setzen. Auch wenn der öffentliche Hype meinen Wunsch nach einem neuen iPad noch so sehr angestachelt hat: Die unrealistischen Preise bei eBay bleiben ein wichtiger Grund dafür, die Anschaffung so lange zu verschieben, bis ich das iPad zum Normalpreis bekommen kann. Das schont nicht nur meinen Geldbeutel, sondern stoppt auch den Trend, weil vermutlich viele andere ebenso denken.

Bei klassischen Börsenspekulationen entfällt dieses regulierende Moment. Wenn ich einen kontinuierlich steigenden Kurs bei einer bestimmten Aktie beobachte, kann dies ein Indiz dafür sein, dass der Kurs auch in Zukunft steigen wird. Es kann daher rational sein, die Aktie zu kaufen – sofern anzunehmen ist, dass der Kurs auch in Zukunft weiter steigen wird. Der hohe Preis schreckt hier also nicht ab. Außerdem heize ich den Preis mit meinem eigenen Kauf weiter an und liefere anderen Marktteilnehmern einen Grund, dasselbe zu tun. Meine eigene Einsicht in den wahren Wert der gehandelten Objekte spielt für mein Verhalten und damit auch für die Reaktion des Marktes kaum noch eine Rolle, weil die Bedingungen des Börsenhandels einen

Gewinn auch noch bei viel zu hohen Preisen zulassen. Hier fehlt nicht nur die Unabhängigkeit der Gruppenmitglieder, vielmehr ist der Markt so organisiert, dass er ab einem bestimmten Punkt zu systematischen Überreaktionen führt. Und das ist nicht der geringste Grund für die Entstehung irrationaler Spekulationsblasen.

Bei den Wetten des *Iowa Electronic Market* ist dies anders. Zum einen gibt es hier eine prinzipielle Obergrenze. Da kein Kandidat mehr als hundert Prozent der Stimmen erhalten kann, vermag keine Wette teurer als hundert Cent zu werden. Zum anderen wirkt das System auch insofern der Spekulation entgegen, als bei einer Überschätzung der Chancen eines Kandidaten und der daraus folgenden Überteuerung der entsprechenden Wetten sofort ein Anreiz entsteht, *gegen* diese Überteuerung zu wetten. Wenn ein Kandidat zu hoch gehandelt wird, kann ich nämlich *nicht* damit rechnen, dass dessen Kurs weiter steigt – anders als an der Börse, wo mehr und mehr Spekulanten nun auf diesen Kandidaten setzen würden. Bei den Wetten in Iowa muss man vielmehr bei jeder Überreaktion sofort mit einer Korrektur rechnen, schon allein weil man weiß, wie genau das System ist. Damit aber wird es attraktiv, auf eine solche Korrektur zu setzen. Man hat einen Anreiz, Wetten auf den derzeit zu schlecht bewerteten Kandidaten zu kaufen, weil diese Wetten im Moment vergleichsweise billig sind und nach der Korrektur teurer verkauft werden können. Und mit diesem Kauf trägt man selbst zu der notwendigen Korrektur bei. Umgekehrt muss man damit rechnen, mit Wetten auf den zu hoch gehandelten Kandidaten Geld zu verlieren, denn deren Kurs wird sinken – und das eher früher als später.

Wie aber findet man heraus, ob ein Kandidat zu hoch oder zu niedrig bewertet wird? Die einzige Möglichkeit besteht darin, sein eigenes Urteilsvermögen so stark wie möglich zu beanspruchen und dabei von den eigenen Hoffnungen und Präferenzen abzusehen. Diese könnten einen zu einem falschen Urteil und damit zu einem finanziellen Verlust führen.

Das System enthält somit also nicht nur interne Korrekturmechanismen, mit deren Hilfe die an der Börse üblichen Übertreibungen verhindert werden, vielmehr setzt es für jedes einzelne Individuum starke Anreize, sich um ein möglichst genaues und objektives Urteil zu bemühen. Während also traditionelle Börsenspekulationen nicht zuletzt deshalb zu irrationalen Ergebnissen führen, weil sie das Urteil der Teilnehmer über den Wert einer Aktie völlig ignorieren, ist das Iowa-Projekt gerade deshalb erfolgreich, weil es ihm gelingt, Kenntnisse und Urteilsvermögen jedes einzelnen Marktteilnehmers so gut wie möglich zu nutzen. Wer hier einen Gewinn machen will, muss sein ganzes Wissen und sein ganzes Urteilsvermögen in Anspruch nehmen, um die Wahlchancen eines Kandidaten möglichst genau einzuschätzen. Schließlich kann man damit rechnen, dass der endgültige Preis der Wetten sehr nahe bei diesem Ergebnis liegen wird. Man hat also einen Grund dafür, der Wette seine allerbesten Schätzungen zugrunde zu legen – und nicht etwa irgendwelche Spekulationen über die mutmaßlichen Aktivitäten anderer Marktteilnehmer oder gar die eigenen Wünsche bezüglich des Wahlausgangs.

Zusammenfassung

Was folgt aus diesen Beobachtungen für die Frage danach, wie Gemeinschaften organisiert sein müssen, damit sie zu möglichst guten Ergebnissen kommen? Entscheidend für den Erfolg des *Iowa Electronic Market* ist nicht nur das Fehlen von Kettenreaktionen, wie sie die Überhitzung von Börsenkursen fördern, sondern vielmehr, dass es ihm gelingt, so weit wie eben möglich von dem Wissen und den Erkenntnissen seiner einzelnen Mitglieder zu profitieren. Entscheidend dafür ist, dass das System dafür sorgt, dass die Mitglieder einander korrigieren, statt sich gegenseitig hochzuschaukeln. Möglich ist das deshalb, weil sie weitgehend unabhängig voneinander agieren. Anders als an der Börse hat es überhaupt keinen Sinn, auf das Verhalten der übrigen Mitglieder zu spekulieren. Der beste Weg zum Erfolg ist für jeden Einzelnen die möglichst genaue Abschätzung der Wahlchancen des Kandidaten. Und wenn man dabei von den Einschätzungen der anderen abweicht, erhöht dies die eigenen Gewinnaussichten – vorausgesetzt natürlich, die eigene Einschätzung trifft zu.

All dies funktioniert umso besser, je größer die Unterschiede zwischen den Mitgliedern sind. Auch dies ist eigentlich nicht schwer zu verstehen: Was sollen unabhängige Urteile schon nützen, wenn alle Mitglieder einander so ähnlich sind, dass sie ohnehin alle zum gleichen Ergebnis kommen? Bei Gruppen mit ganz unterschiedlichen Mitgliedern kann man nicht nur damit rechnen, dass die Extreme einander ausgleichen, vielmehr fehlt auch die Einhelligkeit, die eine wichtige Voraussetzung für viele der problematischen Gruppenreaktionen ist – sowohl bei Asch wie auch bei Milgram waren die problematischen Reaktionen ja ausgeblieben, sobald jemand Zweifel äußerte. Abgesehen davon wird sich in einer bunt zusammengesetzten Gruppe immer ein Mitglied finden, das sich mit einem bestimmten Thema auskennt – und damit sachliche Gründe für eine bestimmte Entscheidung liefert, statt die Gruppe einfach nur zur Nachahmung zu bewegen.

Gruppen brauchen also nicht nur Individuen, sondern diese Individuen müssen auch als Individuen auftreten und ihre Interessen und Meinungen vertreten. Es ist nicht ganz trivial, solche Auseinandersetzungen um unterschiedliche Standpunkte so zu organisieren, dass sich nicht einfach die mächtigsten und lautesten Diskussionspartner durchsetzen – vor allem aber auch so, dass am Ende ein gemeinsames Ergebnis steht. Doch möglich ist das. Dies beweist nicht nur das Beispiel des *Iowa Electronic Market*. Auch die weiter oben skizzierten Erkenntnisse über unsere sozialen Fähigkeiten zeigen, dass wir diese Bereitschaft besitzen – wir müssen nur Gebrauch von ihr machen.

TEIL III

Egoismus und soziale Verantwortung

Betrachtet man die Resultate der vorhergehenden Kapitel, dann ergibt sich ein gemischtes Bild: Auf der einen Seite haben wir beachtliche soziale Fähigkeiten, die uns eigentlich gute Voraussetzungen für das Zusammenleben in einer Gruppe liefern sollten. Tatsächlich wirft dieses Zusammenleben jedoch eine Vielzahl von Problemen auf. Dabei geht es nicht nur um die sattsam bekannten Konflikte und Auseinandersetzungen innerhalb von Gruppen und zwischen ihnen. Interessanter und gleichzeitig beunruhigender ist die Tatsache, dass Menschen sich in Gruppen zu äußerst unvernünftigen Handlungen hinreißen lassen – Handlungen, zu denen sie alleine kaum fähig wären. Die oben zitierten Untersuchungen deuten darauf hin, dass dies vor allem dann passiert, wenn die Bindungen in der Gruppe eng und die betreffende Gruppe besonders homogen ist. Gruppen, die aus sehr unterschiedlichen, weniger eng gebundenen Individuen bestehen, scheinen nicht so anfällig für derartige Probleme zu sein.

Ich werde im Folgenden an diesen Beobachtungen ansetzen, um noch einen Schritt weiterzugehen. Dabei möchte ich zeigen, dass Gruppen unter normalen Bedingungen dann besonders gut funktionieren, wenn ihre Mitglieder sich als »empathische Egoisten« verhalten. Gemeint ist damit, dass sie nicht nur faktisch unterschiedlich sind, sondern auch ganz konkret ihre eigenen Interessen verfolgen, selbst wenn sie in Konkurrenz mit den Interessen anderer stehen.

Dass dies funktionieren kann, ist alles andere als selbstverständlich. Einer der Gründe ist, dass Gruppen – wie mehrfach gezeigt – davon profitieren, wenn ihre Mitglieder unterschiedlich sind und miteinander wetteifern. Deshalb ist hier die Rede von Egoismus. Viele der bedenklichen Aspekte des Gruppenverhaltens können so verhindert werden; gleichzeitig gelangen weniger homogene Gruppen zu besseren Entscheidungen. Doch woher kommt der nötige Zusammenhalt? Er ergibt sich daraus, dass die Natur – wie oben ausführlich gezeigt – viele unserer Bedürfnisse, Interessen und Emotionen so eingerichtet hat, dass sie dem Leben in einer Gruppe entgegenkommen. Wir haben ein natürliches Bedürfnis, Gruppen zu bilden, in Gruppen zu leben und uns den Strukturen einer Gruppe anzupassen. Indem wir diesem Bedürfnis folgen, handeln wir bereits im Sinne der Gruppe.

Hinzu kommt die Fähigkeit, die Perspektive anderer einzunehmen und zu erkennen, dass das Wohlergehen unserer Mitmenschen zu unseren ureigensten Interessen gehört – ansonsten stünden wir schnell alleine da. Nicht zuletzt deshalb ist hier die Rede von einem *empathischen* Egoismus.

Das alles mag arg salomonisch klingen – nach einer Art goldenem Mittelweg, der das Beste aus zwei Welten vereinen will und letztlich aber in einem faulen Kompromiss endet. Doch der empathische Egoismus macht eben keine halbgaren Zugeständnisse an die Interessen der Gruppe, vielmehr entschärft er den Konflikt zwischen Individuum und Gruppe durch die Einsicht, dass beide voneinander abhängig sind. Und er beinhaltet die Fähigkeit, dieser Einsicht entsprechend zu handeln.

Was heißt »empathischer Egoismus« genau? Wie kann eine Haltung egoistisch sein, wenn sie doch gleichzeitig der Gemeinschaft zugutekommen soll? Von Egoismus ist hier die Rede, weil es tatsächlich um die Wahrung der eigenen Interessen und Ziele geht, und zwar auch dann, wenn sie im Gegensatz zu den Interessen und Zielen anderer stehen. Dennoch nutzt diese Haltung der Gruppe und ihren anderen Mitgliedern. Sie verhindert nämlich erstens, dass die Gruppe sich über die Interessen und Bedürfnisse ihrer Mitglieder hinwegsetzt. Zweitens sorgt sie dafür, dass die oben skizzierten irrationalen Kettenreaktionen unterbleiben, wie man sie zum Beispiel in den Experimenten von Asch oder den großen Spekulationsblasen findet. Entscheidend ist jedoch drittens, dass der empathische Egoismus auch die Interessen und Bedürfnisse der Gruppe und ihrer anderen Mitglieder wahrt. Und dies nicht etwa, weil er die eigenen Ziele opfern würde, vielmehr enthält er die Erkenntnis, dass die eigenen Interessen von denen der Gruppe abhängen und umgekehrt – schließlich liegt es im substantiellen Interesse jedes Einzelnen, in einer halbwegs funktionierenden Gruppe zu leben und gute soziale Beziehungen zu haben. Und das geht nur, wenn die Belange aller einigermaßen gerecht behandelt werden. Individuen sind auf die Gemeinschaft ebenso angewiesen wie diese umgekehrt auf die Individuen – empathische Egoisten wissen dies und sie verhalten sich entsprechend. Und das ist nicht einfach nur eine theoretische Einsicht, die man mühsam lernen muss, sondern eine Einstellung, die wir – in mehr oder minder großem Maße – von Natur aus mitbringen.

Doch die bloße Fähigkeit alleine reicht nicht – wir müssen von ihr auch Gebrauch machen. Dazu muss nicht zuletzt die Gemeinschaft Bedingungen dafür schaffen, dass individuelles Handeln tatsächlich der Allgemeinheit zugutekommen kann. Wichtige Hinweise darauf, wie man Gesellschaften und Gruppen so organisiert, dass die Verfolgung individueller Belange wirklich allen nützt, finden sich in den oben vorgestellten empirischen Untersuchungen. Diese Hinweise zu berücksichtigen ist insbesondere in den stark individualistischen Gesellschaften der westlichen Industriestaaten von immenser Bedeutung. In solchen Gesellschaften sind die individuellen Handlungs- und Entscheidungsspielräume sehr viel größer geworden. Damit ergeben sich viele positive Möglichkeiten, gleichzeitig vergrößert sich aber auch die Gefahr von Fehlentwicklungen, die zu Lasten der Gesellschaft gehen.

Um nicht missverstanden zu werden: Mir geht es keinesfalls um einen moralischen Appell, jeder möge sich möglichst umgehend zum empathischen Egoismus bekehren. Moralische oder ethische Fragen stehen hier nicht zur Diskussion. Ich werde also nicht behaupten, dass es moralisch besser sei, ein empathischer Egoist als ein reiner Altruist zu sein. Gut möglich, dass es in vielen Fällen moralisch *nicht* besser ist, sich als empathischer Egoist zu verhalten – ganz abgesehen von Notsituationen, in denen wir verpflichtet sind, anderen zu helfen. Behauptet wird lediglich, dass wir uns de facto sehr häufig als empathische Egoisten verhalten und dass diese Haltung unter alltäglichen Bedingungen vorteilhafter für die Gruppe und deren einzelne Mitglieder ist als ein Verhalten, das sich vordergründig direkt an den Interessen und Normen der Gruppe orientiert. Der empathische Egoismus erlaubt es nämlich, den Interessen der Gemeinschaft gerecht zu werden, ohne die eigenen Belange zurückzustellen. Damit lassen sich die eigenen Interessen so mit denen der Gemeinschaft verbinden, dass es für alle von Vorteil ist.

Von den Individuen verlangt der empathische Egoismus, dass sie ihre langfristigen Interessen und damit die Interessen des Ganzen nicht einfach zugunsten momentaner Anreize aus dem Blick verlieren; von der Gesellschaft, dass sie Bedingungen schafft, die den Individuen genau dies ermöglichen. Beide Aufgaben sind alles andere als trivial. Gerade in den jüngsten Krisen haben wir hier erbärmlich versagt: Die Banker und Finanzakrobaten haben sich nicht nur kriminell verhalten, vielmehr haben sie übersehen, dass sie letztlich ihre eigene Existenzgrundlage angreifen, wenn sie mit ihrer Gier die Volkswirtschaften ruinieren, von denen sie selbst leben. Das lag nicht nur an der Kurzsichtigkeit einzelner Individuen. Auch die Gesellschaften haben falsche Vorgaben gemacht und den Individuen nicht entschieden genug gezeigt, dass die Interessen der Gemeinschaft auch ihre eigenen Interessen sind.

Es geht hier also nicht etwa darum, Gier und Selbstsucht zu verteidigen. Genauso wenig möchte ich eine Lanze für den Egoismus insgesamt brechen. Doch ich werde deutlich machen, dass nicht jede Form von Egoismus als verwerflich abgelehnt werden kann. Dies zeigt sich auch daran, dass die Verhaltensweisen, für die der empathische Egoismus steht, von uns normalerweise ohne weiteres akzeptiert werden: Wir halten es für völlig richtig, dass man für seine eigenen Überzeugungen kämpft, seine Interessen vertritt und seine Ziele zu erreichen sucht. Dies sind alles Verhaltensweisen, die essentiell sind für unsere Vorstellung von verantwortungsvollen, selbstbestimmten Personen, die ihr Schicksal in die Hand nehmen und dabei auch die Bedürfnisse anderer im Blick haben. Offenbar haben wir gute Gründe, diese Verhaltensweisen zu schätzen. Doch wir übersehen dabei, dass sich dies nicht mit der weitverbreiteten generellen Ablehnung des Egoismus verträgt. Diese von uns hochgeschätzten Verhaltensweisen sind nämlich egoistisch. Meine Meinungen, meine Interessen und meine Ziele kann ich nämlich häufig nur in der Konkurrenz mit anderen durchsetzen. Offenbar verwickeln wir uns damit in einen Widerspruch: Wie können wir egoistische Verhaltensweisen schätzen, doch den Egoismus ablehnen? Wie können wir glauben, dass es gut für uns selbst und für die Gesellschaft ist, wenn wir zu unseren Meinungen, Interessen und Zielen stehen, aber gleichzeitig der Ansicht sein, dass egoistisches Verhalten generell schädlich für andere Menschen und auch schlecht für die Gemeinschaft ist?

Eines der Ziele dieses Buches ist es, diesen Widerspruch aufzulösen, der zwischen unserer negativen Haltung zum Egoismus generell und unserer positiven Bewertung einzelner Verhaltensweisen besteht, die faktisch egoistisch sind. Ich behaupte also nicht, dass Egoismus generell gut ist. Ich glaube auch nicht, dass wir auf Solidarität und Mitleid verzichten können. Doch ich möchte zeigen, dass es Formen des Egoismus gibt, die der Gesellschaft und dem Einzelnen zugutekommen können. Wie gesagt: Gemeinschaften sind auf selbstbestimmte Individuen genauso angewiesen wie diese Individuen auf die Gemeinschaften.

Im Folgenden werde ich in vier Schritten vorgehen. Am Beginn steht ein Rückblick. Die Vorstellung, dass Egoismus und Sozialität miteinander vereinbar sind, ist nämlich gar nicht so neu. Besonders interessante Versuche, dies zu zeigen, finden sich bei Immanuel Kant und Adam Smith. Mit ihnen möchte ich mich zunächst kurz beschäftigen. Dabei wird sich herausstellen, dass ihre Versuche aus heutiger Sicht nicht befriedigen können. Es ist daher unerlässlich, eine andere Idee der Vereinbarkeit von Egoismus und Gemeinschaft zu entwickeln. Aus diesem Grund werde ich im zweiten Abschnitt zunächst auf die Probleme hinweisen, die sich ergeben, wenn wir uns zu stark an den Regeln, den Interessen und dem Verhalten einer Gruppe orientieren. Im dritten Abschnitt möchte ich zeigen, inwiefern egoistisches Verhalten einer Gemeinschaft zugutekommen kann. Auch dabei werde ich immer wieder auf die Ergebnisse der vorangegangenen Kapitel verweisen. Ob die Vereinbarung von Egoismus und Gemeinschaft gelingt, hängt vor allem davon ab, wie eine Gemeinschaft organisiert ist. Außerdem wird sich herausstellen, dass unsere sozialen Fähigkeiten dem Ausgleich von individuellen und gemeinschaftlichen Bedürfnissen entgegenkommen. Vor diesem Hintergrund kann man zeigen, dass bestimmte Formen des Egoismus auch aus der Perspektive einer Gruppe häufig die bessere Wahl darstellen als Verhaltensweisen, die sich direkt an den Vorgaben und den Interessen der Gruppe orientieren. Schließlich werde ich im vierten Abschnitt deutlich machen, dass all dies insbesondere für heutige westliche Gesellschaften gilt, in denen Individualismus eine besonders große Rolle spielt.

Ein kurzer Rückblick

Die Vorstellung, dass egoistisches Verhalten nicht unter allen Umständen negativ zu bewerten sein muss, ist, wie gesagt, nicht unbedingt neu. Schon im 18. Jahrhundert haben sich einige Autoren mit diesem Thema befasst, darunter Immanuel Kant (1724–1804) sowie der schottische Wirtschaftstheoretiker Adam Smith (1723–1790).

Smith, der zu den Begründern der modernen Volkswirtschaftslehre zählt, versucht in seinem Hauptwerk »Über den Wohlstand der Nationen« aufzuzeigen, dass die Wirtschaft am besten funktioniert, wenn man sie möglichst wenig reguliert. Das liegt seiner Meinung nach nicht etwa daran, dass die Akteure selbst das Gemeinwohl im Blick hätten. Smith macht sich keine Illusionen darüber, dass jeder nur seine eigenen Interessen verfolgt. Dennoch bestehe für ihn kein Anlass, in das wirtschaftliche Geschehen einzugreifen, so wie es die Merkantilisten in Frankreich taten: Es gebe nämlich eine »unsichtbare Hand«. Und die sorge dafür, dass der individuell verfolgte Eigennutz letztlich den größtmöglichen Gewinn auch für das Ganze abwerfe. Weder die Gesellschaft noch das einzelne Individuum müsse sich besondere Zurückhaltung auferlegen – dennoch profitierten letztlich alle.

Smiths Theorie läuft hier Gefahr, den Verfechtern eines ungebremsten Kapitalismus in die Hände zu spielen. Nicht nur deshalb erscheint seine Verteidigung des Egoismus wenig attraktiv. Es kommt hinzu, dass er die Vereinbarung von Egoismus und Gemeinschaftlichkeit dem Automatismus der »unsichtbaren Hand« überlässt. Damit engt er den Spielraum für eine Verbesserung der sozialen Verhältnisse durch menschliches Eingreifen unnötig ein.

Immanuel Kant verfolgt in seinen geschichtsphilosophischen Schriften eine zumindest im Prinzip vergleichbare Strategie wie Smith. Kant geht es allerdings nicht um den Entwurf einer Wirtschaftsordnung. Vielmehr will er die Geschichte an sich als einen Fortschrittsprozess gelesen sehen: Die Welt sei in einem gewissen Sinne vernünftig und aus philosophischer Perspektive verständlich. Dort, wo in der Frühzeit der Menschheit noch ein Kampf aller gegen alle herrschte, sind mittlerweile Staaten gegründet worden. Und diese Staaten werden früher oder später nicht mehr von Willkür und Gewalt dominiert, vielmehr setzen sich rechtliche Prinzipien durch. Diese Prinzipien sollen auf die Dauer auch die Verhältnisse *zwischen* den Staaten regeln. An die Stelle von Kriegen treten dann friedlich zu regelnde rechtliche Auseinandersetzungen – der Philosoph spricht in diesem Zusammenhang sogar von einem »ewigen Frieden«.

Kant ist sich der Einwände bewusst, auf die eine solche Idee treffen mag: Ist es nicht völlig illusorisch, den Verlauf der Geschichte vorherzusagen? Und kann nicht jede Vorhersage, und sei sie noch so gut begründet, durch die Launen des Schicksals oder die bizarren Einfälle unserer Mitmenschen zunichtegemacht werden? Tatsächlich können wir bis heute, mehr als zweihundert Jahre nach der Veröffentlichung von Kants Ideen, beim besten Willen nicht von einem übergreifenden Frieden sprechen – auch wenn sich die Verhältnisse insbesondere in Europa dramatisch gebessert haben.

Wie also kommt Kant zu dieser kühnen Idee? Die zentrale

Überlegung ist auch hier, dass es gar nicht auf den guten Willen des Menschen ankommt, und noch weniger darauf, dass Menschen absichtlich versuchen, den historischen Fortschritt voranzubringen. Kant ist sich darüber im Klaren, dass die allermeisten von uns nur auf ihren eigenen Vorteil bedacht sind. Nicht nur die Helden und Heerführer, von denen die Geschichte berichtet, auch die einfachen Bürger sorgen zunächst einmal für sich selbst.

Kants Theorie läuft nicht auf eine *moralische* Rechtfertigung egoistischer Verhaltensweisen hinaus, doch er glaubt, dass der Egoismus den Fortschritt vorantreibt. Und damit trägt er indirekt, aber entscheidend zur historischen Entwicklung bei. Wie dies funktioniert? Das entscheidende Antriebsmoment ergibt sich für Kant aus einem Widerspruch in unseren Anlagen, den er, wie oben schon zitiert, als »ungesellige Geselligkeit« bezeichnet. Auf der einen Seite besitzen wir nämlich ein starkes Bedürfnis, in Gemeinschaft zu leben. Auf der anderen Seite tun wir Menschen alles Mögliche, um das von uns selbst gewünschte Zusammenleben zu hintertreiben.[87]

Die einzige Möglichkeit, aus diesem Widerspruch herauszukommen, besteht Kant zufolge in einer Weiterentwicklung unserer Gesellschaft. So führen wir Gesetze ein, weil wir im Naturzustand immer damit rechnen müssen, dass unser Leib und Leben von unseren lieben Mitmenschen bedroht werden. Kriege werden aus dieser Perspektive zu Antriebskräften für den Frieden. Kant glaubt nämlich, dass die schrecklichen Folgen bewaffneter Auseinandersetzungen die Menschen dazu bringen, die Verhältnisse zwischen den Staaten so zu regeln, dass Konflikte nicht mehr mit Waffengewalt ausgetragen werden müssen: Deshalb werden juristische Fehden auf die Dauer an die Stelle bewaffneter Konflikte treten.

Zweifellos *gibt* es den Widerspruch der »ungeselligen Geselligkeit«, den Kant anführt. Einerseits haben wir soziale Bedürfnisse, deren Befriedigung wir andererseits oft genug mit unseren selbstsüchtigen und manchmal kriminellen Verhaltensweisen verhindern. Und so trifft es sicherlich zu, dass unsere destruktiven Neigungen eine Art Antriebsmoment für gesellschaftliche Verbesserungen sein können. Sicherlich hat außerdem die Einrichtung von staatlichen Verhältnissen zu einer dramatischen Verringerung von Gewalt und Unrecht geführt – dies hat kürzlich erst wieder Steven Pinker eindrucksvoll gezeigt.[88]

Doch ergibt sich daraus wirklich ein ernsthaftes Argument zugunsten des Egoismus? Dass dies nicht so ist, wird deutlich, wenn man sich das Ergebnis der von Kant dargestellten Verbesserungen ansieht. Im besten Falle würden wir damit doch nur unsere egoistischen Neigungen unter Kontrolle bringen: Die einzige positive Seite des Egoismus besteht demnach darin, dass er irgendwann einmal den Egoismus unter Kontrolle bringt. Im Grunde endet alles bestenfalls in einer Art Nullsummenspiel – die Gewalt führt irgendwann zur Überwindung der Gewalt. Aber bis es so weit ist, muss zunächst einmal sehr viel Elend in Kauf genommen werden.

In diese Schwierigkeiten gerät Kants Argumentation auch deshalb, weil sie zu den »ungeselligen« Tendenzen des Menschen Verhaltensweisen zählt, die – natürlich auch in Kants Augen – moralisch eindeutig verwerflich sind: Aggressivität, Brutalität und vor allem die menschliche Neigung, Kriege zu führen. Gerade weil diese Tendenzen verwerflich sind, ist nicht zu erkennen, dass sie irgendeine Art von praktischem Nutzen abwerfen – solange wir von den Gewinnen der Waffenindustrie absehen, die mir jedoch kein besonders schutzwürdiges Gut zu sein scheinen.

Es kommt hinzu, dass auch Kant wie Smith letztlich der Natur die Verantwortung dafür zuschreibt, all diese problematischen Neigungen mit den Anforderungen an ein gelingendes Zusammenleben in Einklang zu bringen – und zwar, wie wir gesehen haben, ganz unabhängig von dem guten Willen des Menschen. Für Kant war dies unter anderem deswegen wichtig, weil er eine historische Prognose machen und die Geschichte als Fortschrittsprozess deuten wollte – er *konnte* sich daher nicht auf den guten Willen des Menschen verlassen.

Ich möchte den bisherigen Blamagen der Philosophie bei dem Versuch, die Zukunft vorherzusagen, keine weitere hinzufügen. Doch ich glaube, dass wir ohne guten Willen und erhebliche Anstrengungen bei der Gestaltung unseres Zusammenlebens nicht auskommen werden. Ich gehe also davon aus, dass *wir* dabei die Verantwortung tragen, und dass wir ihr nur gerecht werden können, wenn wir unsere Erfahrungen mit unserem Sozialverhalten ebenso einbeziehen wie die wissenschaftlichen Erkenntnisse zu diesem Thema.

Ausgehend von den bisherigen Überlegungen, möchte ich daher im Folgenden zeigen, dass ein angemessener Umgang mit unseren egoistischen Tendenzen in der Verantwortung der Individuen *und* in der Verantwortung von Staaten und Gesellschaften liegt. Und dass die Erkenntnisse von Sozialpsychologie und Sozialer Neurowissenschaft wichtige Hilfestellungen für einen solchen verantwortungsvollen Umgang liefern. Bestimmte Formen des Egoismus haben sehr wohl positive Konsequenzen – dies hatte sich in den obigen Überlegungen bereits angedeutet. Voraussetzung ist, dass bei der Verfolgung unserer egoistischen Ziele keine moralischen Prinzipien verletzt werden – wie dies beispielsweise geschieht, wenn man es versäumt, einer in Not geratenen Person zu helfen, oder wenn man jemanden bestiehlt, absichtlich verletzt oder gar tötet.

Ist diese Forderung erfüllt, dann kann egoistisches Verhalten in der Tat vorteilhaft sein – zum Beispiel, wenn Individuen miteinander wetteifern und dabei ihre eigenen Ziele auf Kosten der Ziele anderer verfolgen. Vorteilhaft ist es, weil dabei bessere

Lösungen und Vorschläge entstehen können. Sie nützen der Gemeinschaft und indirekt damit auch den einzelnen Individuen. Bessere Medikamente, intelligentere Computerprogramme oder umweltfreundlichere Autos kommen schließlich allen zugute.

Die Grenzen der Gemeinschaft

Zwei Seiten von Sozialität

Wenn hier behauptet wird, dass Egoismus, genauer ein empathischer Egoismus von Nutzen für eine Gruppe ist, dann heißt dies im Umkehrschluss, dass eine nicht egoistische Haltung, also eine direkte Unterordnung individueller Interessen unter die Interessen einer Gruppe weniger nützlich ist. Ist das wirklich eine plausible Behauptung? Ist es nicht generell besser, die Interessen anderer über die eigenen Bedürfnisse zu stellen?

Folgt man unserer Alltagssprache, dann sieht das in der Tat so aus: Wer eine »soziale Ader« hat, sich »sozial« verhält oder gar ein »soziales Gewissen« beweist, kann mit allgemeiner Zustimmung rechnen, und zwar deshalb, weil er die Interessen anderer berücksichtigt oder sie sogar über die eigenen Interessen stellt – und dies ist offensichtlich begrüßenswert.

Ich will auf keinen Fall bestreiten, dass es verdienstvoll ist, sich um das Wohl anderer zu kümmern, anderen zu helfen oder vom eigenen Überfluss abzugeben, um die Not unserer Mitmenschen zu lindern. Natürlich sind dies positive Züge. Fraglos ist es besser, jemandem zu helfen, als ihn seiner Not zu überlassen! Doch ich hatte schon gesagt, dass es mir hier nicht um eine *moralische*, sondern um eine *pragmatische* Beurteilung geht. Und dieser pragmatische Aspekt kommt in den Blick, wenn man die Perspektive einer Gruppe einnimmt und sich überlegt, wie deren Leben unter *normalen* Bedingungen am besten geregelt sein sollte. Altruistische Hilfe setzt in der Regel bei den Symptomen an. Sie soll einen Ausweg aus einer Notsituation ermöglichen, und dies möglichst schnell. Die Ursachen bleiben daher unangetastet – schon allein, weil deren Behebung viel zu lange dauern würde. In einer Notlage ist das auch völlig unproblematisch. Doch wenn Hilfe zum Dauerzustand wird, kann sie die Ursachen der Hilfsbedürftigkeit verfestigen und somit in neue Abhängigkeiten führen. Wer sich auf die Hilfsbereitschaft anderer verlässt, der droht die Fähigkeit zu verlieren, selbst für sein Leben zu sorgen. Ja, es besteht die Gefahr, dass sich auf die Dauer auch die äußeren Bedingungen so weit verändern, dass diese Entwicklung gar nicht mehr rückgängig zu machen ist.

Das Problem stellt sich zum Beispiel in der Entwicklungshilfe. Abgesehen davon, dass die Lieferung von Lebensmitteln in Hungergebiete die Korruption fördert, kann es auch passieren, dass die Hungernden von der Hilfe abhängig werden. Hilfe bildet nämlich nicht nur eine Verlockung, eigene Bemühungen für den Lebensunterhalt aufzugeben, vielmehr gefährdet sie auch die Existenz der örtlichen Bauern. Die können mit den importierten, umsonst verteilten Lebensmitteln nicht konkurrieren. Auf die Dauer kann Hilfsbereitschaft so die Situation verschlimmern, weil sie die lokale Produktion von Lebensmitteln gefährdet.

Natürlich gibt es immer wieder Situationen, in denen sofortige Hilfe unumgänglich ist: bei Naturkatastrophen zum Beispiel, in denen lokale Strukturen nicht mehr genutzt werden können, weil sie längst zerstört sind. In solchen Situationen ist Hilfe nicht nur *erlaubt*, sondern *geboten*. Doch sie darf nicht zur Regel werden. Ein Staat, der darauf angewiesen ist, dass seine Bürger einander mit Almosen helfen, wird seinen grundlegenden Aufgaben nicht gerecht. Auf die Dauer kann dadurch ein fundamentales Ungleichgewicht entstehen zwischen den Bürgern, die Hilfe leisten und damit Verantwortung übernehmen, und denjenigen, die Hilfe empfangen und damit Verantwortung abgeben. Es kommt zu Abhängigkeiten, die schließlich auch den gegenseitigen Respekt der Bürger in Gefahr bringen.

Ähnlich problematisch ist es, wenn ein Gemeinwesen auf *äußere* Hilfe angewiesen ist, so wie es derzeit etwa in Nordkorea der Fall ist. Besser wäre es, die Betroffenen würden von *Objekten* der Hilfsbereitschaft zu *Subjekten* ihrer eigenen Interessen. Sie würden die Möglichkeit gewinnen, ihre eigenen Bedürfnisse zur Geltung zu bringen. Und das bedeutet letztlich, dass sie sich in einem gewissen Sinne egoistisch verhalten können – ohne ihren Mitbürgern zu schaden.

Diese Beobachtungen verweisen auf zwei Seiten von Sozialität, die oben bereits mehrfach erwähnt wurden: Zum einen bieten Gemeinschaften Schutz und Sicherheit sowie eine ganze Reihe anderer, zum Teil recht eindeutiger Vorteile, weil ihre Mitglieder einander wechselseitig unterstützen und miteinander kooperieren können. Zum anderen hat Sozialität auch ihre Schattenseiten, die gerne übersehen werden. Zu enge soziale Bindungen führen zu Abhängigkeiten, die zu Lasten der betroffenen Individuen, der ganzen Gruppe und schließlich auch zu Lasten anderer Gruppen gehen können.

Wie kann das geschehen? Damit eine Gemeinschaft überhaupt als solche funktioniert, benötigt sie Regeln, die das Zusammenleben bestimmen. In vielen Fällen bleibt es aber nicht bei dem unvermeidlichen Minimum an Koordination. Vor allem traditionelle Gemeinschaften haben oft eine Vielzahl von Zwängen ausgebildet, die den Spielraum der Gruppenmitglieder ganz gravierend einengen. Die starken Bindungen in solchen Gruppen verlangen häufig, dass der Einzelne seine eigenen Interessen denen der Gemeinschaft, sei es der Familie oder der Sippe, unterordnet. Dies betraf in westlichen Gesellschaften bis vor hundert

Jahren beispielsweise die Berufswahl. Der Sohn eines Handwerkers musste in der Regel selbst wieder Handwerker werden und damit Angehöriger einer Zunft, die sein Verhalten und vor allem seine Berufspraxis weitgehend festlegte. Damit wurde nicht nur die individuelle Freiheit des Betroffenen gravierend eingeschränkt. Auch Veränderungen oder gar Erfindungen, die zu neuen Verfahren und auf die Dauer zur Verbesserung der Lebensumstände aller hätten führen können, wurden auf diese Weise massiv erschwert oder sogar verhindert – ich werde auf diesen Punkt weiter unten noch etwas ausführlicher eingehen.

Wie wir oben gesehen haben, können enge soziale Bindungen auch dazu führen, dass das Entscheidungs- und Erkenntnisvermögen der einzelnen Individuen beeinträchtigt wird: So machten die Versuchspersonen in den Experimenten von Asch unter dem Druck der Gruppe plötzlich viel mehr Fehler als bei Urteilen, die sie unabhängig von der Gruppe fällten. Als besonders verhängnisvoll erwiesen sich derartige Abhängigkeiten in Entscheidungsprozessen. Tatsächlich lassen sich viele der klassischen Spekulationsblasen darauf zurückführen, dass die Beteiligten sich zunächst gegenseitig immer weiter hochgeschaukelt und zu völlig abwegigen Überbewertungen angestachelt haben, bevor dann ein ähnliches Herdenverhalten zu einem plötzlichen Zusammenbruch der Spekulationsblase führte. Viele andere Fallstudien, beispielsweise von Fehlentscheidungen anlässlich der Columbia-Katastrophe oder des Birgen-Air-Absturzes, bestätigen den verhängnisvollen Einfluss, den Abhängigkeiten in einer Gruppe auf Entscheidungsprozesse haben können.

In wieder anderen Experimenten führte der Gruppendruck dazu, dass Versuchspersonen ihre eigenen moralischen Prinzipien über Bord warfen und Dinge taten, zu denen sie alleine niemals fähig gewesen wären. Dies geschah nicht nur, wenn man ihnen bestimmte Handlungen ausdrücklich befahl, wie etwa in den Milgram-Experimenten. Bei Zimbardo und auch bei Sherif bildeten sich solche Verhaltensweisen ganz ohne Aufforderungen von außen. Die Wächter bei Zimbardo schikanierten ihre Gefangenen, ohne dass sie irgendjemand dazu veranlasst hätte. Selbst die Versuchsleiter ließen sich in die Sache hineinziehen. Ein Ende nahm der Spuk erst, als jemand hinzukam, der nicht in die Gruppe eingebunden war.

Schließlich führen enge soziale Bindungen zu negativen Konsequenzen auch für scheinbar unbeteiligte andere Gruppen. Eine enge Bindung nach innen bewirkt nämlich im Allgemeinen eine ebenso starke Abgrenzung nach außen; oft hat sie sogar eine regelrechte Diskriminierung anderer zur Folge. Zu erinnern ist hier an die Experimente von Sherif, in denen die Mitglieder einer Gruppe sich ohne jeden Grund, und ohne dazu von außen motiviert worden zu sein, sehr abfällig über die Mitglieder der anderen Gruppe äußerten. In anderen Experimenten bevorzugten die Mitglieder einer Gruppe einander massiv, und zwar auch dann, wenn sie sich überhaupt nicht kannten.

Es entsteht in diesen Fällen eine große Gefahr von Konflikten zwischen den Gruppen. Zudem lässt eine solche Abgrenzung auch Vorurteile und Ungerechtigkeiten entstehen, wie man sie oft genug vor allem zwischen rivalisierenden Gruppen beobachten kann. Zum einen gewinnen Gruppen dadurch an Zusammenhalt, dass die Mitglieder sich selbst positiv von anderen Gruppen abzusetzen suchen. Zum anderen bevorzugen die Mitglieder einander, zum Beispiel, wenn es darum geht, bestimmte Güter zu verteilen.

Während also enge Bindungen und Homogenität viele der problematischen Seiten des Verhaltens von Gruppen begünstigen, scheinen umgekehrt eine größere Vielfalt und weniger enge Bindungen diesen Schwierigkeiten entgegenzuwirken. So führten abweichende Meinungen sowohl bei Milgram wie auch bei Sherif zu einer massiven Verringerung des Drucks, dem das einzelne Individuum ausgesetzt war. Und viele Entscheidungsexperimente haben gezeigt, dass eine möglichst große individuelle Vielfalt und Unabhängigkeit dazu beitragen kann, die Qualität der Entscheidungen zu verbessern.

Verhalten wir uns egoistisch?

All dies macht deutlich, dass eine zu starke Fixierung auf die Wünsche, Ziele und Verhaltensweisen einer Gruppe problematische Konsequenzen haben kann. Umgekehrt spricht dies für einen empathischen Egoismus, also für eine Orientierung an den eigenen Interessen und Standpunkten – immer im Wissen darum, dass auch funktionierende Sozialbeziehungen fundamental für die eigenen Interessen sind.

Schöne Theorien über die segensreichen Konsequenzen einer solchen Haltung nützen allerdings wenig, solange wir nicht imstande sind, uns entsprechend zu verhalten. Im Folgenden soll daher gefragt werden, ob wir wirklich die rein selbstsüchtigen Egoisten sind, als die uns Freud und Schopenhauer dargestellt haben, oder ob wir nicht auch die Interessen anderer so berücksichtigen können, wie es einem empathischen Egoismus entspricht? Und wenn wir dies können: Handeln wir dann *immer* im Sinne eines empathischen Egoismus oder nur manchmal? Und schließlich: Unter welchen Bedingungen tun wir dies? Lässt sich das vielleicht fördern, und kann man ein Abgleiten in einen rein selbstsüchtigen Egoismus verhindern?

Eine erste Antwort auf diese Fragen liefert ein bekanntes psychologisches Experiment, das sogenannte Ultimatum-Spiel.

Üblicherweise nehmen an diesem Spiel zwei Versuchspersonen teil, ein Anbieter und ein Empfänger. Der Anbieter erhält vom Versuchsleiter eine Geldsumme, die er mit dem Empfänger teilen muss. Dabei steht dem Anbieter völlig frei, wie groß der Anteil ist, den er dem Empfänger überlässt. Dieser hat seinerseits die Wahl, ob er die angebotene Summe annimmt oder nicht. Nimmt er sie an, dann erhalten beide Mitspieler den zuvor vom Anbieter bestimmten Anteil; weist der Empfänger das Geld zurück, gehen beide leer aus. Wenn beide Mitspieler rein selbstsüchtig handeln, dann sollte der Anbieter so viel wie möglich für sich behalten und nur das absolute Minimum weiterreichen. Damit würde er schließlich den größten Gewinn machen. Umgekehrt sollte der Empfänger jede beliebige Summe annehmen. Auch ein kleiner Geldbetrag ist allemal besser als das, was ihm übrigbleibt, wenn er die Annahme verweigert: nämlich gar nichts.

Für nur auf ihren unmittelbaren Vorteil fixierte Egoisten scheint die Sache klar zu sein – und Affen beispielsweise verhalten sich genau so. Bei ihnen gibt der Anbieter so wenig wie möglich ab, und der Empfänger akzeptiert jedes Angebot, ganz gleich, wie wenig ihm dabei bleibt. Menschen dagegen handeln in der Regel ganz anders. In einer Vielzahl von Experimenten konnte gezeigt werden, dass der Anbieter üblicherweise vierzig bis fünfzig Prozent der ursprünglichen Summe weiterreicht – also weit mehr, als es in seinem egoistischen Interesse zu liegen scheint. Umgekehrt hat auch der Empfänger eine gewisse Mindestforderung: Ein Anteil von weniger als zwanzig Prozent wird in der Regel abgelehnt, beide gehen dann leer aus.

Es sieht so aus, als würden Menschen in diesem Spiel nicht nur nicht selbstsüchtig, sondern geradezu altruistisch handeln – von Egoismus, auch von empathischem Egoismus kann hier offenbar keine Rede sein. Der Anbieter gibt seinem Mitspieler einen angemessenen Anteil ab, und dieser besteht auch darauf. Beide sind bereit, der Fairness zuliebe einen gewissen Verzicht zu üben und ihre unmittelbaren Interessen zurückzustellen: Der Anbieter gibt einen Anteil ab, der nicht nur höher ist, als es seinen unmittelbaren eigenen Interessen entspricht; vielmehr liegt er auch ein ganzes Stück über der Mindestforderung des Empfängers. Dieser ist umgekehrt bereit, auf seinen Anteil zu verzichten, wenn er sich unfair behandelt fühlt. Natürlich ist es schwierig auszuschließen, dass all dies nur ein Produkt unserer Erziehung ist. Doch angesichts der Tatsache, dass die Versuchspersonen keinem Druck und keiner Kontrolle unterworfen sind, erscheint es unplausibel, ihr Verhalten einzig auf soziale Zwänge oder Konventionen zurückzuführen.

In jedem Fall spielt Fairness dabei eine wichtige Rolle. Doch sind wir deswegen schon von Natur aus Altruisten? Ich glaube eher, dass es eine Frage unseres Eigeninteresses ist, ob wir uns fair verhalten oder nicht – vor allem dann, wenn wir unsere längerfristigen Interessen im Blick behalten. Unfaires Verhalten zahlt sich nämlich auf die Dauer nicht aus. Jemand, der von uns schlecht behandelt worden ist, wird kaum noch etwas mit uns zu tun haben wollen. Wenn ich daher als Empfänger im Ultimatum-Spiel ein zu niedriges Angebot zurückweise, kann ich damit rechnen, dass ich den Anbieter damit zu einem besseren Angebot veranlasse: Schließlich geht auch er sonst beim nächsten Mal wieder leer aus. Umgekehrt muss ein faires Angebot daher auch nicht von Altruismus zeugen. Ein wenig Voraussicht reicht völlig aus: Der Anbieter weiß, dass der Empfänger ein zu niedriges Angebot zurückweisen wird und er selbst dann gar nichts erhält. Ein faires Angebot ist also zu seinem eigenen Besten.

Weder der Empfänger noch der Anbieter stellen also ihre Belange zurück. Beide haben vielmehr ihre längerfristigen Interessen im Blick, und denen ist wesentlich besser gedient, wenn sie ihre Mitspieler fair behandeln. Wenn Affen sich anders verhalten, dann dürfte dies vor allem darauf zurückzuführen sein, dass sie die längerfristigen Konsequenzen ihres Tuns nicht durchschauen. Man könnte auch sagen, dass sie einen kurzsichtigen Egoismus verfolgen, der nicht wirklich ihren eigenen Interessen entspricht: Würden sie sich fair verhalten, wäre dies für sie selbst von Vorteil.

Ganz egal, wie man diese Ergebnisse interpretiert – sie zeigen in jedem Falle, dass Menschen sich nicht einfach von kurzfristigen Vorteilen ködern lassen, sondern ihre momentanen Interessen zugunsten zukünftiger zurückstellen können. Und diese längerfristigen Interessen schließen in den meisten Fällen auch die wichtigsten Wünsche und Bedürfnisse ihrer Mitmenschen ein. Empathische Egoisten sind in der Lage, sich entsprechend zu verhalten.

Egoismus und Strafe

Schauen wir uns zunächst noch einen weiteren Beleg für die These an, dass Menschen nicht einfach selbstsüchtig sind. Er stammt aus einem Bereich, den man üblicherweise nicht mit altruistischen Tendenzen in Verbindung bringen würde, nämlich dem des Strafens. Menschliche Gesellschaften setzen die Existenz von Regeln voraus, die nicht nur das gegenseitige Verhalten bestimmen, sondern auch die Beiträge festlegen, die jeder zum Gemeinwohl zu leisten hat. Das können Steuern, Sachleistungen, aber auch die Übernahme von bestimmten Ämtern oder Dienstleistungen sein. In psychologischen Experimenten werden diese Beiträge im Allgemeinen durch Geld simuliert. Dessen Einsatz wirft in solchen Experimenten oft einen besonders hohen Gewinn ab, wenn man es zeitweilig der Gemeinschaft überlässt. Engagieren sich alle, dann hat jeder am Ende mehr, als er alleine erlangen könnte – auch das ist im wirklichen Leben ganz ähnlich. Doch sind wir wirklich von uns aus bereit, solche Beiträge zum Gemeinwohl zu leisten? Oder haben wir nur unsere kurzfristigen Eigeninteressen im Blick und schaden damit letztlich nicht nur der Gemeinschaft, sondern auch uns selbst?

Diese Fragen sind mittlerweile in einer Vielzahl von Experimenten untersucht worden. Die Ergebnisse zeigen, dass Menschen im Prinzip bereit sind, sich für die Gemeinschaft zu engagieren. Allerdings gibt es dabei erhebliche individuelle Unterschiede. Sie betreffen das Ausmaß dieser Bereitschaft ebenso wie die Bedingungen, unter denen sie tatsächlich zum Tragen kommt. Die Mehrheit von etwa zwei Dritteln einer normal zusammengesetzten Gruppe stellen dabei stets die »Opportunisten«. Sie sind zunächst kooperationsbereit, achten aber sehr genau darauf, ob auch die anderen ihren Beitrag leisten. Geschieht dies, dann bleiben auch die Opportunisten kooperationsbereit; weigert sich dagegen die Mehrheit zu kooperieren, dann haben auch die Opportunisten bald nur noch ihre eigenen Belange im Blick. Daneben gibt es zwei kleinere Gruppen: Die »Trittbrettfahrer«, die in der Regel auf Kosten der Gemeinschaft leben und etwa ein Fünftel ausmachen, und schließlich die »Kooperativen«. Diese leisten ihren Beitrag für die Gemeinschaft, egal, was die anderen machen, stellen aber mit ungefähr einem Sechstel die kleinste Gruppe.[89] Da jedoch die Opportunisten zunächst ebenfalls kooperieren, sollte in einer normal zusammengesetzten Gruppe die Mehrheit am Ausgangspunkt kooperationsbereit sein.

Doch was geschieht danach? Wichtige Aufschlüsse hierüber liefert dazu ein Experiment von Ernst Fehr und Simon Gächter,[90] in dem untersucht wurde, wie sich die Bereitschaft, zum Wohl der Gruppe beizutragen, langfristig entwickelt. Die Versuchspersonen spielten jeweils zu viert ein Spiel, bei dem jeder zunächst 20 Euro erhielt, von denen er einen beliebig hohen Betrag in die Gruppenkasse einzahlen konnte. Dieser Beitrag wurde verzinst. Nachdem alle ihren Beitrag geleistet hatten, wurde jeder über die Einsätze der anderen informiert, anschließend spielten alle Mitspieler mit anderen Versuchspersonen weiter – niemand traf also zweimal auf denselben Spielpartner.

Die Zinsen waren so berechnet, dass für jeden einzelnen Mitspieler ein Dilemma entstand. Für einen eingezahlten Euro erhielt jedes Mitglied nämlich 40 Cent Zinsen, insgesamt gingen also 1,60 Euro an die gesamte Gruppe. Der Einzelne aber verlor damit auf jeden eingezahlten Euro 60 Cent. Auf den ersten Blick mochte es für ihn daher vernünftig erscheinen, sein Geld zu behalten und zusätzlich die Zinsen der Beiträge zu kassieren, die andere geleistet hatten. Auf der anderen Seite profitierte jedoch die gesamte Gruppe ganz erheblich von den Einzahlungen. Wenn alle ihr gesamtes Geld eingezahlt hätten, wären für jeden aus den ursprünglichen 20 Euro am Ende 32 geworden; zahlte niemand ein, dann wäre es bei den ursprünglichen 20 Euro geblieben. Kooperation war also für alle von Vorteil.

Würden die Versuchspersonen das sehen – und sich entsprechend verhalten? Würden sie tatsächlich ihren Beitrag für die Gruppenkasse leisten und damit am Ende selbst besser dastehen? Oder würden sie nur ihren eigenen kurzfristigen Vorteil im Blick haben, ihr Geld behalten, um die Zinsen der anderen zu kassieren? Solange die Wissenschaftler allein auf freiwilliges Engagement setzten, waren die Ergebnisse einigermaßen ernüchternd. Während am Beginn zwischen fünfzig und sechzig Prozent der Versuchspersonen kooperierten, nahm dieser Anteil nach zehn Runden auf weniger als zwanzig Prozent ab. Dies lag vor allem an dem Verhalten der Opportunisten, die die große Mehrheit der Teilnehmer stellten. Sie kooperieren wie gesagt nur so lange, wie auch die anderen mitmachen. Sobald Einzelne von ihnen also bemerkten, dass viele andere keinen Beitrag mehr zu den Gemeinschaftsaufgaben leisteten, hörten auch sie damit auf. Dies wiederum setzte eine Kettenreaktion in Gang, die andere Opportunisten erfasste, so dass der Anteil der kooperationsbereiten Mitglieder ständig zurückging – was leicht nachvollziehbar ist: Warum sollte ich alleine einen Betrag in die Gruppenkasse einzahlen, wenn alle anderen ihr Geld für sich behalten?

Die Situation änderte sich, nachdem die Möglichkeit eingeführt worden war, diejenigen mit einer Geldstrafe zu belegen, die nichts zum Gemeinwohl beitrugen. Schon die bloße Aussicht auf Strafe steigerte die Kooperationsbereitschaft von Anfang an erheblich. Und während in dem Experiment ohne Strafe die ohnehin schon niedrige Kooperationsbereitschaft mit der Zeit weiter nachließ, führte die Einführung der Strafe umgekehrt zu einer kontinuierlichen Steigerung, bis schließlich praktisch alle Mitglieder ihren Beitrag zum Gemeinwohl leisteten. Auch hier kam es also zu einer Kettenreaktion – diesmal aber in die andere Richtung: Wenn die Opportunisten sehen, dass viele andere ihren Beitrag leisten, dann stärkt das ihre Bereitschaft, dies auch selbst zu tun, was wiederum anderen Opportunisten einen weiteren Grund gibt, ebenfalls zu kooperieren. Das Experiment zeigt noch einmal, wie wichtig Kettenreaktionen in Gruppen sind, im Guten wie im Schlechten. Relativ kleine Ursachen können damit zu dramatischen Wirkungen führen. Daher ist ein besseres Verständnis solcher Kettenreaktionen von großer Bedeutung.

Verhängt wurden die Strafen übrigens von den Versuchspersonen selbst, die dafür jeweils einen bestimmten Betrag bezahlen mussten. Strafen war also kostspielig – so wie dies auch in der Realität der Fall ist, wo Staaten zu diesem Zwecke einen teuren

Justiz- und Polizeiapparat unterhalten müssen. Doch während Steuerzahler im Allgemeinen von ihren eigenen Aufwendungen profitieren – beispielsweise durch eine höhere private Sicherheit –, hatten die Versuchspersonen bei Fehr und Gächter keinerlei direkten persönlichen Vorteil. Der bestrafte Mitspieler spielte ja in der nächsten Runde schon wieder mit ganz anderen Partnern.

Fehr und Gächter bezeichnen diese Form des Strafens daher als »altruistisch«: Der Aufwand, den die Versuchspersonen beim Verhängen von Strafen treiben, komme nur der Gemeinschaft, nicht aber ihnen selbst zugute. Doch dies scheint mir ein wenig zu hochgegriffen. Ganz abgesehen davon, dass die Begriffe Strafe und Altruismus nicht recht zusammenpassen wollen, haben die Versuchspersonen sicherlich nicht gegen ihre eigenen Interessen gehandelt. Ganz im Gegenteil: Die Haltung, die sie hier zeigten, brachte ihnen selbst auf die Dauer ebenfalls Vorteile. Auch wenn der Zusammenhang mit den selbstverhängten Strafen nur indirekt war: Das Experiment zeigte ja gerade, dass ein solcher Zusammenhang besteht. Die Strafen steigerten die Kooperationsbereitschaft und davon profitierten die einzelnen Mitglieder – schließlich hatten sie einen klaren Vorteil, wenn genügend hohe Einzahlungen in die Gruppenkasse zustande kamen. Generell dürfte also die Bereitschaft zu strafen auch den Strafenden selbst zugutekommen. Altruismus ist dazu gar nicht erforderlich, nur ein gesunder und halbwegs weitreichender Blick für die eigenen Interessen.

Abermals zeigt sich hier, dass es eine Form des Egoismus gibt, der gleichzeitig das Gruppeninteresse im Blick hat – eben einen empathischen Egoismus, den wir mehr oder minder von Natur aus mitbringen. Und der schafft einfach deshalb gute Bedingungen für ein halbwegs funktionierendes Zusammenleben, weil er dem Einzelnen die Verbindung zwischen seinem eigenen

Interesse und dem Gemeinschaftsinteresse erleichtert. Die zweite wichtige Voraussetzung besteht darin, dass auch die Gesellschaft geeignete Bedingungen schafft. Wie das obige Experiment zeigt, können diese einen dramatischen Effekt auf unser Verhalten haben.

Dies hängt mit einer wichtigen Besonderheit unserer sozialen Fähigkeiten zusammen. Jemand, der Klavier zu spielen vermag, kann dies im Allgemeinen unabhängig von den Umständen mehr oder minder gut. Auch unter den günstigsten Bedingungen bleibt ein Anfänger ein Anfänger. Und umgekehrt wird ein Konzertpianist auch unter schlechten Bedingungen immer eine halbwegs passable Leistung abliefern.

Ganz anders liegen die Dinge, wenn es um die Ausübung unserer sozialen Fähigkeiten geht: Hier können die Umstände einen massiven Einfluss haben. Das liegt daran, dass Menschen sich auf diese Umstände einstellen, entsprechend handeln und damit ihrerseits für veränderte Bedingungen sorgen, auf die sich wiederum andere einstellen. Aufgrund solcher Kettenreaktionen entschied in dem Experiment von Fehr und Gächter eine vergleichsweise kleine Veränderung der Umstände, nämlich die Möglichkeit des Strafens, darüber, ob praktisch alle oder nahezu keiner der Versuchspersonen kooperierte. Ähnlich dramatische Unterschiede kann man an dem Stanforder Gefängnis-Experiment von Zimbardo beobachten: Jemand, der ein völlig unauffälliges Leben führt und sich niemals etwas zuschulden kommen lässt, kann zu einem sadistischen Quälgeist werden, wenn er nur in der »richtigen« Gruppe landet. Offensichtlich lassen wir uns in einem sehr weitreichenden Maße durch die anderen Mitglieder einer Gruppe und deren Maßstäbe beeinflussen. Das geht so weit, dass wir ohne größere innere Widerstände mit moralischen Prinzipien brechen, die wir eigentlich für unantastbar halten.

Diese Flexibilität hat keineswegs nur negative Seiten; sie erklärt also nicht nur, warum wir unter bestimmten Bedingungen gegen moralische Normen verstoßen. Positiv bildet sie auch eine wichtige Voraussetzung für die historische Weiterentwicklung unseres Sozialverhaltens. Dessen heutige Erscheinungsform ist nicht nur das Produkt von natürlichen Anlagen, sondern auch das Ergebnis eines viele Generationen umfassenden Lernprozesses, der das individuelle Verhalten ebenso erfasst wie die gesellschaftlichen Rahmenbedingungen. Beschrieben worden ist dieser Lernprozess zum Beispiel von Norbert Elias in seinem »Prozess der Zivilisation« oder kürzlich von Steven Pinker in »Gewalt: Eine neue Geschichte der Menschheit«. Beide Autoren beschreiben den komplizierten Entwicklungsprozess, der von gewaltsamen zu friedlichen Formen der Konfliktbewältigung und Kooperation geführt hat. Eine der handgreiflichsten Konsequenzen dieser Entwicklung ist der dramatische Rückgang von Gewalt in unserem Alltagsleben, den Pinker anhand einer Vielzahl empirischer Belege illustriert. So ist zum Beispiel in vorstaatlichen Gesellschaften der Anteil Kriegstoter an der Gesamtzahl der Sterbefälle bis zu 1 500 Mal höher als gegenwärtig in den USA. Nicht ganz so spektakulär, aber immer noch dramatisch genug hat sich das Risiko verringert, unabhängig von kriegerischen Auseinandersetzungen eines gewaltsamen Todes zu sterben. Dieses Risiko war im England des 15. Jahrhunderts beispielsweise vierzigmal so hoch wie heute.

Pinker zeigt auf, dass sich im Verlauf dieses Prozesses die gesamte »Logik« der Konfliktbewältigung verändert hat. In einer Gesellschaft ohne staatliches Gewaltmonopol muss jeder ständig mit einem Angriff rechnen. Er wird daher nicht nur schneller bereit sein, gewaltsam zu reagieren, vielmehr kann es ihm sinnvoll erscheinen, einem potentiellen Angreifer gegenüber selbst »vorbeugend« Gewalt anzuwenden, um nicht selbst zum Opfer zu werden – was dem potentiellen Gegner wiederum ein Motiv liefert, selbst *noch* früher aktiv zu werden – und so weiter. Nicht weniger wichtig waren Fehden von Adligen sowie die Selbstjustiz und Blutrache, bei der ein Vergeltungsakt gleich den Anlass zum nächsten lieferte.

Diese Spirale der Gewalt wird erst durch die Einrichtung eines staatlichen Gewaltmonopols unterbrochen, in den westlichen Staaten also seit der frühen Neuzeit. Dessen Etablierung führte zu einem massiven Rückgang gewaltsamer Formen der Konfliktbewältigung und in der weiteren Folge zu Lernprozessen auf der staatlichen und der individuellen Ebene, die sich über viele Generationen erstrecken, sehr mühsam sind, doch einander auch wechselseitig stützen. Wenn ich damit rechnen kann, dass mein Mitbürger mit mir kooperiert, statt mich zu bestehlen oder zu erschlagen, vergrößert sich auch meine Bereitschaft, mit ihm zu kooperieren. Dies verändert wiederum die Bedingungen und die sozialen Maßstäbe hin zu weiterreichenden Formen der Kooperation und gewaltloser Bereinigung von Konflikten. Die Bürger üben damit Zug um Zug andere Formen der Kooperation und Konfliktbewältigung ein, beispielsweise in verbalen oder juristischen Auseinandersetzungen, während der Staat wiederum die Rahmenbedingungen weiterentwickelt, die gewaltsames Verhalten zurückdrängen und andere Formen der Auseinandersetzung ermöglichen.

Wie Elias gezeigt hat, verschwinden dabei auch symbolische Gewalt und starke Affekte immer weiter aus der öffentlichen Sphäre. Ein Beispiel liefert das Ende öffentlicher Hinrichtungen – früher eine wichtige Attraktion im gesellschaftlichen Leben, die auch die Zurschaustellung der Getöteten einschloss. Weitere Beispiele bieten die früher beliebten Tierquälereien zum Zeitvertreib oder aber die Veränderung unserer Tischsitten, bei denen der Gebrauch des Messers immer weiter zurückgedrängt wurde – offenbar weil es sich um eine potentielle Waffe handelt. All dies zeigt, wie weit diese Veränderungen in unseren gesamten Alltag hineinreichen: Die Steigerung der Kooperationsbereitschaft hat zu einer substantiellen Umformung der gesamten Lebensumstände geführt.

Zieht man in Betracht, dass das Gewaltmonopol letztlich nur auf das Machtstreben einzelner Monarchen zurückgeht, die versuchten, die Konkurrenten innerhalb ihres Hoheitsgebiets auszuschalten, dann sieht man, wie auch hier wenig dramatische Ursachen Kettenreaktionen in Gang setzen, die höchst weitreichende Folgen haben: Aus der Spirale der Gewalt wird damit eine Spirale der Kooperation. Es spricht wenig dafür, dass wir uns in diesem Prozess zu Altruisten entwickelt hätten – zumindest ist heute kaum etwas davon zu erkennen. Vielmehr sieht es so aus, als hätten unsere Vorfahren erkannt, dass es im eigenen Interesse ist, Konflikte gewaltfrei auszutragen, und dass sie die immensen Vorteile dieses Verhaltens am eigenen Leibe erfahren haben. So haben sie gelernt, die Interessen anderer besser zu erkennen und sie im eigenen Handeln zu berücksichtigen, was nicht zuletzt dadurch erleichtert worden sein dürfte, dass auch ihre eigenen Interessen von anderen berücksichtigt wurden. Empathischer Egoismus muss eingeübt und entwickelt werden, und das wird auch in Zukunft so bleiben: Die neueren Erkenntnisse der Sozial- und Neurowissenschaften können dabei wichtige Hilfestellungen geben.

Andere Formen, das Engagement für die Gemeinschaft zu fördern

Kommen wir noch einmal zu den sozialpsychologischen Experimenten zurück. Wir hatten gesehen, dass es möglich ist, das Engagement für das Gemeinschaftsinteresse durch Strafen zu steigern. Glücklicherweise ist dies jedoch nicht die einzige Methode; manchmal tut es auch eine einfache Diskussion. Dies konnten Linda Caporael und Kollegen schon gegen Ende der 1980er Jahre zeigen. Auch in ihrem Experiment ging es um den Beitrag der Gruppenmitglieder für eine Art Gemeinschaftskasse. Jede Versuchsperson erhielt eine bestimmte Geldsumme, zum Beispiel fünf Dollar, die sie entweder behalten oder in die Gemeinschaftskasse einzahlen konnte. Leistete eine genügend große Anzahl von Gruppenmitgliedern ihren Beitrag, dann gab es einen Bonus von zehn Dollar für alle – also auch für diejenigen, die nicht in die Kasse eingezahlt hatten. Umgekehrt verfiel das eingezahlte Geld, wenn die Mindestanzahl an Beiträgen nicht zustande kam.

Das Experiment war verführerisch für Trittbrettfahrer, die nur ihr kurzfristiges Eigeninteresse im Kopf hatten: Ähnlich wie bei Fehr und Gächter machte man den höchsten Gewinn nämlich dann, wenn man nichts zur Gemeinschaftskasse beitrug und trotzdem den Bonus kassierte. Kam dieser zustande, dann erhielten ihn die Trittbrettfahrer zusätzlich zur ursprünglichen Summe – insgesamt also fünfzehn Dollar. Wer dagegen in die Gemeinschaftskasse eingezahlt hatte, dem blieb nur der Bonus von zehn Dollar. Und wenn der Bonus gar nicht erst zustande kam, dann blieben den Trittbrettfahrern immer noch die ursprünglichen fünf Dollar, während die kooperationsbereiten Mitglieder leer ausgingen.

Insgesamt waren die Voraussetzungen für kooperationsbereites Verhalten also sehr ungünstig. Dennoch zeigten viele Versuchspersonen eine überraschende Bereitschaft, sich für die Gruppe zu engagieren. Dies geschah insbesondere dann, wenn die Gruppenmitglieder sich explizit darüber verständigten, wer in die Gemeinschaftskasse einzahlt. Obwohl niemand überprüfen konnte, wer die Verabredung tatsächlich einhielt, stellten unter diesen Bedingungen mehr Teilnehmer als erforderlich ihr Geld zur Verfügung.

Warum ist das so? Natürlich liegt es nahe zu vermuten, dass sich die Mitglieder einfach an die Absprache gebunden fühlten. Doch ein Nachfolgeexperiment zeigte, dass viel grundlegendere Prozesse abliefen. In dem Nachfolgeexperiment sollten die Versuchspersonen das Problem nur *diskutieren*; sie sollten jedoch keine Verabredung treffen. Dennoch kam auch unter dieser Bedingung regelmäßig mehr als die Mindestanzahl der Beiträge zusammen. Dies spricht dafür, dass schon der bloße Kontakt mit anderen Gruppenmitgliedern nicht nur ein stärkeres Bewusstsein für die Gruppe schafft, sondern auch eine deutlich größere Bereitschaft, sich für diese Gruppe einzusetzen.

Im Grunde genommen deckt sich dieser Befund mit den anderen Forschungsergebnissen, die hier bereits vorgestellt wurden: Ganz offensichtlich haben wir Menschen von Natur aus eine weitreichende Fähigkeit und Bereitschaft, mit den Mitgliedern unserer Gruppe zu kooperieren. Doch die hat mit Altruismus wenig zu tun: Letztlich liegt der Beitrag zur Gemeinschaftskasse in unserem eigenen Interesse – wir benötigen lediglich etwas Voraussicht und vermutlich auch die entsprechenden Erfahrungen. Wenn es der Gruppe besser geht, dann kommt dies auch uns selbst zugute.

Halten wir also fest, dass empathischer Egoismus eine soziale Fähigkeit ist: Er gibt uns die Möglichkeit, bei der Verfolgung unserer eigenen Interessen gleichzeitig im Sinne der Gemeinschaft zu handeln und so den Konflikt zwischen Eigen- und Gemeinschaftsinteresse zu entschärfen. Eine entscheidende Rolle spielt dabei, dass wir in der Lage sind, die Perspektive anderer einzunehmen; das ist essentiell für unser gesamtes soziales Leben. Wie es dazu kommt, hatten wir bereits im ersten Teil gesehen: Vor allem bei kleinen Kindern, ja schon bei Neugeborenen ist dabei die Imitation von großer Bedeutung. Die Verbindung zwischen der eigenen Erfahrung und dem Erleben anderer stellt das Gehirn mit einem ganz einfachen Trick her: Es greift in beiden Fällen auf Aktivität in denselben Arealen zurück. Wenn wir beobachten, wie jemand anders Schmerzen empfindet, aktiviert das dieselben Regionen im Gehirn wie unser eigenes Schmerzerleben. Wir müssen gar keine großen Theorien entwickeln, um zu erkennen, dass unser Nachbar Schmerzen empfindet oder Freude verspürt: Das erledigen ganz basale neuronale Prozesse für uns.

Komplizierter wird die Sache, wenn es um Wünsche und Überzeugungen geht. Vor allem mit *falschen* Überzeugungen kommen Kinder erst mit drei oder vier Jahren zurecht. Schwer fällt es ihnen zunächst vor allem, den Unterschied zwischen Fakten draußen in der Welt und menschlichen Überzeugungen *über* diese Fakten zu verstehen. Letztlich sind es aber auch keine umständlichen Theorien über die Unterschiede zwischen der Realität und unseren Überzeugungen, die den Kindern helfen, dieses Problem zu bewältigen. Vielmehr erwerben sie ein intuitives Empfinden dafür, was der andere glaubt und wie sich dieser Glaube von den eigenen Überzeugungen unterscheidet. Und davon machen wir als Erwachsene ebenfalls noch Gebrauch. Auch in dieser Hinsicht hat uns die Natur auf das Leben in einer Gemeinschaft vorbereitet; tatsächlich wäre es schwer, die Interessen und Wünsche anderer in unsere Überlegungen einzubeziehen, wenn wir nicht zunächst einmal wüssten, was diese Interessen und Wünsche sind.

Doch nicht nur unser Denken ist wichtig für unsere sozialen Beziehungen; umgekehrt spielen soziale Beziehungen auch eine bedeutende Rolle für die Entwicklung unseres Denkens. Die Anforderungen an das Leben in einer Gruppe bilden eine der wesentlichen Antriebskräfte für die Entwicklung der menschlichen Intelligenz, wie wir im ersten Kapitel gesehen haben. Wir gewinnen damit die Möglichkeit, uns angemessen und erfolgreich in einer Gruppe zu bewegen. Wenn die Zunahme an Intelligenz letztlich das Zusammenleben beeinträchtigt hätte, dann wäre es schwerlich zu dieser Entwicklung gekommen. Gruppen mit vielen intelligenten Mitgliedern wären dann im Nachteil gewesen. Sie hätten sich nicht so gut verbreitet wie Gruppen mit weniger intelligenten Mitgliedern, ihre Überlebensbedingungen hätten sich verschlechtert. Das Leben in einer Gruppe hätte unter diesen Umständen nicht zu einer wesentlichen Antriebskraft für die Entwicklung der menschlichen Intelligenz werden können. Doch hierfür gibt es keine Belege. Vielmehr stützen die bislang verfügbaren Daten die These des sozialen Gehirns und somit auch die Annahme, dass unsere kognitiven Fähigkeiten dem Leben in einer Gruppe zugutekommen.

Natürlich geht es dabei nicht nur um rationale Einsichten und Erkenntnisse; das Leben in einer Gruppe stellt uns keineswegs nur vor Probleme, die unseren Verstand betreffen. Genauso wichtig sind emotionale Phänomene wie Liebe, Bindung und Sexualität. Sie tragen entscheidend zur Entstehung von Beziehungen bei, sie sorgen dafür, dass wir ein fundamentales Bedürfnis nach einem Leben mit anderen haben und leisten somit einen wichtigen Beitrag dafür, dass die Verfolgung egoistischer Motive der Gemeinschaft zugutekommen kann. Es ist in der Tat schwer vorstellbar, wie Gemeinschaften ohne Gefühle existieren sollten. Diese Gefühle beeinflussen das Verhalten des Einzelnen im Sinne der Gemeinschaft, indem sie Bedürfnisse schaffen, deren Verfolgung dann der Gemeinschaft zugutekommt: Wir halten es alleine einfach nicht lange aus! Dass es auch egoistisch ist, seinen Gefühlen nachzugehen, kann dabei nicht weiter verwundern. Wie oft kommt es bei Liebe und Sexualität vor, dass wir die Interessen und vor allem die Gefühle unserer Freunde und Partner verletzen. Gefühle sind also egoistisch im vollen Sinne des Wortes. Dennoch kommen sie insgesamt der Gemeinschaft zugute. Und dies bestätigt noch einmal, dass Egoismus und Sozialität miteinander vereinbar sind.

Von unseren rationalen Fähigkeiten unterscheiden sich Emotionen unter anderem durch ihre größere Stabilität. Ohne diese Stabilität wäre ein dauerhaftes Zusammenleben und Zusammenarbeiten vermutlich überhaupt nicht möglich. Erkauft wird diese Stabilität nicht nur mit einem Verzicht auf Flexibilität, vielmehr sind wir unseren Gefühlen auch in einem viel höheren Maße ausgeliefert als unseren rational gewonnenen Überzeugungen. Selbst wenn wir längst wissen, dass uns die Beziehung zu einer

Person nicht guttut, mögen die Gefühle für sie noch lange Zeit weiterbestehen.

Ein weiterer wichtiger Unterschied zwischen rationalen und emotionalen Fähigkeiten betrifft das Maß der bewussten Einsichten. Für unsere rationalen Fähigkeiten spielen solche bewussten Einsichten eine sehr wichtige Rolle. Wenn ich erkenne, dass es mir nicht gutgehen kann, wenn es der Gruppe schlecht geht, dann sollte daraus ein Motiv folgen, mich für die Gruppe einzusetzen. So könnte ich mich zum Beispiel entschließen, abends häufiger zu Hause zu bleiben, um mein Familienleben zu verbessern. Dies bedeutet nicht nur, dass das Wohlergehen meiner Familie damit für mich zu einem direkten Ziel wird. Vielmehr heißt dies auch, dass ich mir im Klaren bin über den Zusammenhang zwischen meiner Handlung und dem Ziel, das ich damit verfolge, nämlich der Verbesserung meines Familienlebens.

Oft genug hat sich dagegen gezeigt, dass viele unserer sozialen Fähigkeiten unbewusst wirken. Wir handeln häufig im Sinne der Gruppe, ohne uns darüber im Klaren zu sein – vor allem dann, wenn soziale Emotionen im Spiel sind: Natürlich entwickeln wir unsere Bindungsgefühle nicht in der Absicht, den Zusammenhalt unserer Gruppe zu stärken, ja, der Zusammenhang mag uns völlig unklar sein. Wir versuchen einfach, unserem Bedürfnis nach Bindung gerecht zu werden. Doch indem wir das tun, stärken wir *de facto* den Zusammenhalt der Gruppe. Offensichtlich folgen wir dabei keinen bewussten Einsichten, vielmehr scheint hier die Evolution hinter unserem Rücken ihre Fäden zu ziehen. Weil Gruppen ohne stabile Bindungen nicht überleben würden, hat sie für die Ausbildung solcher Bindungen gesorgt.

Erkennbar wird damit noch einmal einer der wesentlichen Gründe, warum der empathische Egoismus einer Gemeinschaft zugutekommen kann: Die Natur hat einige unserer wesentlichen Bedürfnisse so eingerichtet, dass sie gemeinschaftlichen Interessen entgegenkommen, und sie hat uns kognitive Fähigkeiten mitgegeben, die uns zum Leben in einer Gemeinschaft befähigen. Empathische Egoisten empfinden nicht nur mit anderen, vielmehr verstehen sie auch, dass ihr Wohlergehen von dem der Gruppe abhängt, und schließlich können sie auch die Perspektive anderer übernehmen.

Doch der empathische Egoismus kommt nicht nur deshalb der Gemeinschaft zugute, weil alle unbewusst doch wieder ihre Interessen denen der Gruppe unterordnen. Empathischer Egoismus heißt nicht zuletzt, dass man miteinander konkurriert, dass man also seine Interessen auch gegen die Interessen anderer verfolgt. Im Folgenden möchte ich zeigen, dass auch das einer Gemeinschaft zugutekommen kann. Ein gutes Beispiel liefern die Mitglieder einer Fußballmannschaft. Unübersehbar bestehen bei ihnen eindeutige Konkurrenzverhältnisse – ein Tor, das der eine Stürmer erzielt hat, kann der andere nicht mehr auf seine Fahnen schreiben. Wenn nicht jeder zunächst einmal versucht, selbst so viele Tore wie möglich zu erzielen, dann geht dies zu Lasten der Mannschaft – von der Situation im Training oder dem Kampf um einen Platz in der Mannschaft nicht zu reden. Hier ist echte Konkurrenz unabdingbar.

Gleichzeitig sind alle aufeinander angewiesen. Gewinnen können sie nur, wenn sie miteinander kooperieren und erkennen, dass ihre eigenen Interessen von denen der Mannschaft abhängen: Wenn die Mannschaft absteigt, müssen auch sie selbst eine Liga tiefer spielen. Generationen von Fußballtrainern haben mehr oder minder erfolgreich versucht, den elf angeblichen Freunden auf dem Spielfeld dieses Wechselspiel von Konkurrenz und Kooperation einzuimpfen. Ähnliches gilt für das Verhältnis der Mannschaften, die gegeneinander spielen. Hier ist die Konkurrenz noch offensichtlicher, doch lässt sie sich nur innerhalb eines gemeinschaftlichen Rahmens austragen. Entscheidende Bedeutung haben hier die Spielregeln, die von beiden Mannschaften akzeptiert werden müssen. Sie sind Ausdruck der gemeinsamen Interessen, zum Beispiel an einem attraktiven Spiel, das Zuschauer anzieht und damit die Existenz beider Mannschaften sichert.

Etwas prinzipiell Ähnliches gilt für die Mitglieder einer Arbeitsgruppe, die über ein neues Projekt diskutieren. Wenn hier ernsthaft an einer Lösung gearbeitet wird, dann muss man verschiedene Vorschläge innerhalb der Gruppe erörtern und einander gegenüberstellen. Eine solche Erörterung setzt voraus, dass jedes einzelne Mitglied zunächst ganz egoistisch für den eigenen Vorschlag werben und dessen Vorzüge möglichst klar herausstellen muss – in Konkurrenz mit den anderen Vorschlägen und letztlich gegen sie. Nur so wird für alle erkennbar, welcher Vorschlag tatsächlich der beste ist. Offensichtlich nützt hier egoistisches Verhalten der Gruppe, weil sie damit zu einem besseren Ergebnis kommen kann. Umgekehrt müssen alle daran interessiert sein, letztlich zu einer einheitlichen Entscheidung als Gruppe zu kommen, weil sie sonst überhaupt keine Lösung realisieren könnten.

Diese Überlegungen werden, wie schon erwähnt, durch Erkenntnisse über den Ablauf von Gruppenentscheidungen gestützt. Kommt es nämlich nicht zu einer offenen Debatte, etwa weil die Gruppe von wenigen Personen dominiert wird, dann besteht die Gefahr, dass in der Entscheidung etwa Gesichtspunkte unberücksichtigt bleiben, obwohl sie den Gruppenmitgliedern bekannt sind. Dies war zum Beispiel bei der Columbia-Katastrophe der Fall. Noch problematischer ist es, so hatten wir gesehen, wenn Kettenreaktionen entstehen, bei denen die Gruppenmitglieder einander immer stärker in eine bestimmte Richtung drängen – so wie dies bei Börsenspekulationen geschieht. Verhindern lässt sich eine solche Fehlsteuerung durch eine möglichst große Vielgestaltigkeit des Entscheidungsprozesses – und die ist am einfachsten dadurch zu erreichen, dass alle Gruppenmitglieder möglichst explizit ihre eigenen Auffassungen vertreten dürfen. Vor allem die Experimente von Milgram und Asch haben gezeigt, dass abweichende Meinungen den Druck abschwächen, den eine Gruppe auf einzelne Mitglieder ausübt und damit deren Entscheidungsfähigkeiten beeinträchtigt.

Es versteht sich von selbst, dass es bei aller Vielfalt und Individualität die Bereitschaft zum Konsens geben muss. Die egoistischen Tendenzen müssen im Sinne der Gruppe kanalisiert werden. Dass dies möglich ist, zumal den Interessen aller gedient ist, wenn sich der beste Vorschlag durchsetzt, wissen wir aus einer Vielzahl von Experimenten wie aus der Praxis.

Warum Interessen ausgesprochen werden sollten

Eine noch wichtigere Rolle dürfte egoistisches Verhalten spielen, wenn es nicht um eine möglichst gute Lösung für irgendein abstraktes Problem geht, sondern wenn die eigenen Belange betroffen sind. Nehmen wir an, eine Gruppe versucht, einen fairen Ausgleich zwischen den unterschiedlichen Interessen ihrer Mitglieder zu finden. Eine offensichtliche Voraussetzung dafür ist, dass die einzelnen Individuen zunächst einmal sagen, was sie wollen und was nicht. Es müssen klare Ansprüche formuliert und begründet werden.

Streiten sich beispielsweise zwei Parteien um ein Grundstück, dann hat jede Partei ihre Besitzansprüche sowie deren Berechtigung darzulegen, und zwar in der Absicht, ihre Ansprüche gegen die der anderen Partei durchzusetzen – ein durch und durch egoistisches Verhalten. Und dieses Verhalten bildet die Voraussetzung für eine vernünftige Regelung sozialer Beziehungen – sofern man auch hier die Bereitschaft zur Einigung unterstellt. Bessere Alternativen gibt es nicht. Will man an höhere Autoritäten appellieren, die den Konflikt wegzaubern, soll eine der beiden Streitparteien verzichten, oder gar beide? Jede dieser Lösungen wäre offenbar schlechter.

Gerichtsverfahren mit ihrer Rollenverteilung zwischen Kläger, Beklagtem und Richter liefern, wie schon erwähnt, ein weiteres Beispiel für einen solchen Umgang mit Interessenkonflikten. Der Sinn dieser Rollenverteilung besteht darin, die Argumente und Tatsachen, die für oder gegen die Schuld des Beklagten sprechen, möglichst genau ans Licht zu bringen. In Strafprozessen ist dieses Verfahren noch weiter perfektioniert, indem die entsprechenden Rollen professionellen Vertretern zugewiesen werden: Der Staatsanwalt übernimmt die Rolle des Klägers, der Verteidiger unterstützt den Angeklagten. Damit wird erreicht, egoistische Interessen zur Vertretung der entsprechenden Standpunkte überhaupt erst hervorzubringen: Der Ankläger hat ein Interesse daran, alle belastenden Gesichtspunkte herauszuarbeiten,[91] der Verteidiger ein ebenso starkes Interesse an dem, was den Angeklagten entlastet. Und nur wenn man beides möglichst genau kennt, die belastenden wie die entlastenden Umstände, kann man ein gerechtes Urteil fällen. Dies ist die Aufgabe der neutralen Instanz, des Richters: Er ist verantwortlich für die Entscheidung, die allen relevanten Erkenntnissen gerecht wird und gleichzeitig für alle verbindlich ist.

Die individuellen Interessen sind von zentraler Bedeutung nicht nur für beliebige Verträge und Übereinkünfte, die Menschen miteinander schließen. Eine entscheidende Rolle spielen sie auch für die Basis all dieser Verträge, nämlich den sogenannten Gesellschaftsvertrag, der die Rechtmäßigkeit jeder staatlichen Gewalt begründet. Mittelalterliche Theorien hatten den Staat und insbesondere die Königsherrschaft auf göttliche Gnade zurückgeführt. Die neuzeitliche Philosophie setzte an deren Stelle eine rationale Begründung: Staatliche Herrschaft ist nicht deshalb gerechtfertigt, weil sie von Gott stammt, sondern weil sie vernünftig ist.

Und warum ist sie vernünftig? Weil sie den Interessen der Staatsbürger entspricht! Diese müssen sich keiner äußerlichen oder tradierten Autorität beugen. Was zählt, sind nur sie selbst und ihre Interessen. Und diese Interessen, insbesondere die an Leib, Leben und Besitz, sind in einer staatlichen Gemeinschaft am besten aufgehoben – das zumindest ist die These, um die es hier geht, und die durch die oben skizzierten Ergebnisse von Pinker und Elias sehr eindrucksvoll untermauert worden ist. Und nur weil dies so ist, sind dieser Staat und die von ihm ausgeübte Herrschaft legitim.

Egoismus, genauer gesagt, ein durch Vernunft und Mitgefühl geleiteter Egoismus liefert hiermit die Basis eines durch Verträge, Übereinkünfte und legitime Herrschaft geregelten Zusammenlebens. Voraussetzung dafür ist, dass die Individuen erkennen, dass ihre eigenen Interessen von denen der Gemeinschaft abhängen – eben von einem rechtlich verfassten Staat, der ihre substantiellen Interessen schützt.

Basis der Vereinbarkeit von Egoismus und Gemeinschaftlichkeit ist, dass Gemeinschaften dem Wohl ihrer Mitglieder verpflichtet sind. Dieses Wohl mag zuweilen etwas schwer zu erkennen sein, häufig benötigt man einen etwas weiteren Blick, um zu sehen, dass eine Regel, die kurzfristig Verzicht zum Wohle der Gemeinschaft verlangt, langfristig den Verzichtenden selbst zugutekommt. Ja, vermutlich ist es hier mit bloßer Einsicht nicht getan – wie oben bereits erwähnt, muss man dieses Verhalten einüben und die positiven Konsequenzen am eigenen Leib erfahren. All dies mag zuweilen viele Generationen dauern. Doch einen anderen Weg scheint es nicht zu geben, und die Orientierung an den Interessen und Bedürfnissen der Staatsbürger lässt sich nur schwer aufgeben: Ein Staat, der seinen Mitgliedern unnötigen Verzicht abfordert oder gar deren Interessen dauerhaft schädigt, verliert seine Legitimität. Dies zu verhindern ist eine der zentralen Aufgaben demokratischer Institutionen: Sie sollen dafür sorgen, dass die unterschiedlichen Interessen der Bürger wahrgenommen und ausgeglichen werden, damit der Staat insgesamt die Belange seiner Mitglieder so gut wie möglich vertreten kann.

Umgekehrt sollten Menschen, die sich nicht entsprechend vertreten fühlen und ihre Vorteile außerhalb einer bestimmten Gemeinschaft sehen, auch nicht daran gehindert werden, diese zu verlassen. Was passiert, wenn dies nicht mehr möglich ist, haben die Diktaturen des 20. Jahrhunderts gezeigt, die ihre Staatsbürger im angeblichen Dienste höherer Zwecke mit KZs, Lagern, Selbstschussanlagen und Maschinengewehren kujoniert haben. Natürlich liegen die Vorteile einer Gruppe nicht immer so klar auf der Hand wie in einfachen psychologischen Experimenten, in denen sich die eingesetzten Mittel um einen klar bestimmbaren Betrag vermehren, der allen gleichermaßen zugutekommt. Staaten verlangen da im Allgemeinen ein wenig mehr Entgegenkommen und Vertrauen. Viele der staatlichen Leistungen wie insbesondere die Sicherheit vor Gewalt und Unrecht, aber auch ein funktionierendes Bildungs- und Gesundheitssystem sind nicht einfach in Geldbeträgen erfassbar. Außerdem können nicht alle gleichermaßen zu den Beiträgen herangezogen werden, weil es Unterschiede in der individuellen Leistungsfähigkeit gibt. Genauso wenig profitieren sämtliche Staatsbürger in gleichem Maße. Viele Leistungen kommen nur denjenigen zugute, die aufgrund von Alter, Armut oder Krankheit besondere Unterstützung benötigen. Der Interessensausgleich ist kompliziert – kein Wunder, dass er eine große Rolle in den politischen Auseinandersetzungen moderner Sozialstaaten spielt.

Letztlich geht es einfach darum, den Interessen aller so gut wie möglich gerecht zu werden. Und es ist dann nicht schwer zu sehen, dass alle davon profitieren, wenn sie sich im Notfall auf die Unterstützung der Gemeinschaft verlassen können – selbst wenn der Notfall glücklicherweise bei vielen niemals eintritt und sie daher auch die Leistungen nicht in Anspruch nehmen müssen.

Wie weit die Umverteilung gehen sollte und wo die Grenze zwischen berechtigten Ansprüchen auf Unterstützung und einem ungerechtfertigten Eingriff in die Früchte der Arbeit des Einzelnen liegt, dies ist notorisch umstritten. Zudem ist ein solches Umverteilungssystem nicht einfach zu verstehen und bietet schon allein deshalb eine Menge von Möglichkeiten, Privatinteressen unter dem Deckmantel des Gemeinwohls in Sicherheit zu bringen. Dennoch gibt es keine Alternative zu dem Versuch, den Interessen aller so gut wie möglich gerecht zu werden. Und auch die Notwendigkeit gewisser Gemeinschaftsleistungen zur Aufrechterhaltung rechtlicher, ökonomischer und auch sozialer Rahmenbedingungen wird heute allgemein anerkannt. Das schließt die Einsicht ein, dass es keinen prinzipiellen Widerspruch zwischen Eigen- und Gemeinschaftsinteresse gibt, zumindest so lange nicht, wie die Gemeinschaft ihrer Verantwortung gegenüber ihren Mitgliedern gerecht wird. Ein grundsätzlicher Konflikt kann hier nur dann aufkommen, wenn die Gemeinschaft diese Verantwortung verletzt, indem sie den Einzelnen übertriebene Leistungen abverlangt oder aber wenn die Individuen nicht sehen, dass die Forderungen der Gemeinschaft letztlich in ihrem eigenen Interesse sind.

Setzt man voraus, dass eine Gemeinschaft den Interessen ihrer Mitglieder gerecht wird, dann sollten die Mitglieder umgekehrt auch ein Interesse an der Existenz der Gemeinschaft haben. Und das bedeutet, dass die Spannung zwischen individuellen und gemeinschaftlichen Interessen prinzipiell auflösbar ist. Erforderlich sind dazu allerdings nicht nur rationale Überlegungen, sondern auch eine Reihe von emotionalen Fähigkeiten, die oftmals unbewusst wirken. Wir verfügen über diese Fähigkeiten, und es ist nicht zuletzt eine Frage angemessener gesellschaftlicher Strukturen, ob wir von ihnen Gebrauch machen und damit den Konflikt zwischen individuellen und gemeinschaftlichen Interessen zumindest ganz wesentlich entschärfen.

Egoismus in einer individualistischen Gesellschaft

Zum Abschluss möchte ich nun zeigen, dass unserer egoistischen Motivation gerade heute eine besondere Rolle zukommt. Ein wesentlicher Grund dafür ergibt sich aus den Individualisierungstendenzen moderner Gesellschaften westlichen Typs.[92] In traditionellen Gesellschaften war der Lebensweg der meisten Menschen vorherbestimmt durch Faktoren, die der eigenen Wahl entzogen sind: das Geschlecht, die Familie, die soziale Schicht, der Stand oder die gesellschaftliche Gruppe, der man angehört. Die Zugehörigkeit zu einer Gruppe bietet Schutz, sie entlastet den Einzelnen davon, Verantwortung zu übernehmen, aber sie führt auch zu einer erheblichen Beschneidung von Freiheitsspielräumen.

Stellen Sie sich vor, Sie wären als Kind eines Handwerkers in einer mittelgroßen deutschen Stadt irgendwann im 18. Jahrhundert geboren worden. Einige Dinge wären deutlich anders gewesen – so hätten Sie auf vieles verzichten müssen, was heute selbstverständlich ist: Kanalisation, fließendes Wasser, Zentralheizung, Autos, Züge, Medikamente, ein verlässliches Rechtssystem und Zugang zu Bildung. Gut möglich, dass Sie mehrere Kriege aus nächster Nähe miterlebt hätten; und die Wahrscheinlichkeit, dass Sie eines gewaltsamen Todes gestorben wären, lag – wie schon erwähnt – um ein Vielfaches höher als heute.

Dramatisch genug, aber darauf kommt es mir hier nicht an.

Ich will auf die *sozialen* Unterschiede zwischen dem 18. und dem 21. Jahrhundert hinaus, insbesondere auf die Veränderungen im Verhältnis von Individuum und Gesellschaft. Verglichen mit der heutigen Situation wären Ihre Freiheitsspielräume nämlich nur sehr gering gewesen: Als Tochter eines Handwerkers hätte man Sie dazu angehalten, sehr früh zu heiraten, und zwar vermutlich einen Handwerker aus der näheren Umgebung, der sich um Sie bewarb.

Als Junge hätten Sie das Handwerk des Vaters gelernt, dann die Gesellenprüfung gemacht und wären anschließend auf Wanderschaft gegangen. Nach Ihrer Rückkehr hätten Sie versucht, die sehr detailliert festgelegten Bedingungen für die Meisterprüfung zu erfüllen, und irgendwann einmal hätten Sie geheiratet und den Betrieb Ihres Vaters übernommen – sofern keine Krankheiten, Seuchen, Brandkatastrophen oder Kriegszerstörungen Ihre Pläne vereitelt hätten.

Raum für individuelle Entscheidungen blieb da kaum – Ausbildung, Beruf und Wohnort waren weitgehend festgelegt. Zudem hatten die Zünfte, in denen Handwerker bis weit ins 19. Jahrhundert organisiert waren, ziemlich genaue Vorstellungen davon, wie sich ein ehrbares Mitglied zu verhalten hatte. Wich man allzu weit von den Regeln der Zunft ab, musste man damit rechnen, ausgeschlossen zu werden. Dann wurde einem auch das Erkennungszeichen der Zünfte, der Ohrring, abgerissen, und man endete für alle erkennbar als »Schlitzohr« – keine sonderlich attraktive Alternative zu einem Leben als ehrbarer Handwerksmeister oder Geselle, auch wenn es nur sehr begrenzte Freiheitsspielräume bot.

Die Situation änderte sich kontinuierlich in dem Maße, wie Geschlecht, Schicht, Familie und Stand ihre prägende Kraft für den individuellen Lebensweg verloren. Mit der Zeit wurde es immer schwieriger, den Lebensweg eines Individuums auf der

Basis dieser Faktoren vorherzusagen. Heute ist dies kaum mehr möglich. Maßgeblich sind nunmehr individuelle Merkmale: Die Fähigkeiten, aber auch die Vorlieben jedes Einzelnen haben eine entscheidende Bedeutung für seinen Lebensweg gewonnen.

Zweifellos ist dies mit einer Reihe von Nachteilen verbunden: Der Einzelne verliert den Schutz der Gruppe, er muss wesentlich mehr Entscheidungen treffen und dafür die Verantwortung übernehmen – eben genau *die* Entscheidungen und *die* Verantwortung, die ihm vor zwei oder drei Generationen zuvor noch die Gruppe und die Familie abgenommen hatten. Gleichzeitig führt diese Entwicklung jedoch zu einer merklichen Ausweitung von Freiheitsspielräumen. Was einige als Entscheidungszwang erleben, eröffnet aus der Sicht vieler anderer den Spielraum, das eigene Leben selbst in die Hand zu nehmen. Die Entscheidung zwischen unterschiedlichen beruflichen Optionen mag belastend sein – weit belastender aber wäre es sicherlich, müsste man sein ganzes Leben lang einen Beruf ausüben, der einem nicht liegt.

Mit anderen Worten: Trotz der unvermeidlichen Entscheidungszwänge und Unsicherheiten scheint die Entwicklung im Großen und Ganzen positive Konsequenzen für den Einzelnen wie für die Gesellschaft gehabt zu haben. Für den Einzelnen, weil sie seine Freiheitsspielräume und Chancen für ein halbwegs selbstbestimmtes Leben vergrößert, für die Gesellschaft, weil sie den Anforderungen einer modernen Industriegesellschaft entgegenkommt, die völlig unvereinbar sind mit den festen Strukturen einer traditionellen Ständegesellschaft.

Was hat das alles mit dem Problem von Egoismus und Sozialität zu tun? Eine ganze Menge! Wie schon angedeutet, haben die Individualisierungstendenzen das Verhältnis von Gruppe und Individuum verkehrt. Es ist nicht mehr die Gruppe, die den Lebensweg festlegt, die Schlüsselrolle fällt vielmehr den

Entscheidungen jedes Einzelnen zu. Unter den heutigen Bedingungen *kann* der Einzelne nicht nur seinen eigenen Interessen und Bedürfnissen folgen, er *muss* es auch. Eine Gesellschaft, die Experten für eine Vielfalt ganz unterschiedlicher, hochspezialisierter Tätigkeiten benötigt, muss ihren Mitgliedern einen weiten Spielraum von individuellen Entfaltungsmöglichkeiten bieten, und umgekehrt sollten die Mitglieder ihn auch nutzen. Wer Computerprogrammierer werden will, *muss* sich für andere Dinge interessieren als eine angehende Radiomoderatorin oder eine Unternehmensberaterin. Für die Gesellschaft heißt dies, dass sie die notwendigen Spielräume bieten muss, damit die benötigten Spezialisten ihre Fähigkeiten entfalten können.

Dem letzten Satz wird vermutlich kaum jemand widersprechen. Er stellt so etwas wie das Mantra jeder halbwegs modernen Erziehung dar. Doch heißt das nicht, dass in diesem Buch mit großem Getöse sperrangelweit offen stehende Türen eingerannt werden? Ist die ganze Auseinandersetzung um den Egoismus nicht doch nur Theaterdonner? Nein! Der entscheidende Punkt ist vielmehr, dass sich aus diesen allgemein anerkannten Prinzipien von Selbstentfaltung und Selbstverwirklichung Konsequenzen ergeben, die *nicht* allgemein anerkannt sind, obwohl ihre allgemeine Anerkennung im Interesse der Gesellschaft und der Individuen liegen würde. Die Ablehnung des Egoismus stammt aus Zeiten, die auch der individuellen Entfaltung skeptisch gegenüberstanden. Tatsächlich müssen aber die vielen einzelnen Entscheidungen, die die Mitglieder moderner Gesellschaften treffen, deren eigene Interessen widerspiegeln. Sie müssen also egoistisch sein, und weil die Bedeutung solcher Entscheidungen zunimmt, nimmt auch die Bedeutung egoistischer Verhaltensweisen zu.

Dies gilt auch deshalb, weil heute ein Ausgleich zwischen den unterschiedlichen Interessen wegfällt, der in traditionellen Gesellschaften durch Sitten und Verhaltensregeln geleistet wurde. Die Zünfte beispielsweise versuchten das Zusammenleben so zu regeln, dass sämtliche Mitglieder halbwegs angemessen behandelt wurden. In individualistischen modernen Gesellschaften, in denen solche Regeln an Bedeutung verloren haben, müssen die Individuen ihre Interessen selbst vertreten – und zwar meist in Konkurrenz zu den Interessen anderer Individuen. Das Gleiche gilt für unsere Überzeugungen und unsere Ziele: Wir müssen sie in Konkurrenz zu anderen vertreten.

Dieser Wettstreit ist nicht nur unvermeidlich; nach allem, was sich oben gezeigt hat, ist er auch vorteilhaft für die Gesellschaft und für die einzelnen Beteiligten – sofern hier ein allgemeiner Rahmen eingehalten wird. Keine Gesellschaft hat etwas davon, wenn ihre Mitglieder ihre Interessen nicht vertreten und ihre Fähigkeiten nicht entfalten. Genauso wenig hat sie etwas davon, ihren Mitgliedern Vorgaben zu machen, die deren Interessen verletzen. Damit wird nicht nur das Wohlergehen der einzelnen Mitglieder beeinträchtigt, sondern auch der Zusammenhalt der Gesellschaft selbst. Zudem wäre es einfach wenig sinnvoll, Menschen dazu zu zwingen, Ärztinnen, Apotheker oder Straßenbahnfahrerinnen zu werden, obwohl sie eigentlich viel lieber etwas völlig anderes tun würden. Individuelle Entscheidungen sind für alle von Interesse, weil man auf diese Weise stärker motivierte und besser geeignete Ärzte, Apothekerinnen oder Straßenbahnfahrer erhält – insbesondere dann, wenn jeder Einzelne seinen eigenen Motiven bei der Entscheidung für oder gegen einen dieser Berufe folgen kann.

Fazit

Fassen wir zusammen. Ich habe versucht zu zeigen, dass Menschen sozusagen »von Natur aus« auf das Leben in einer Gruppe vorbereitet sind. Wir haben nicht nur grundlegende Bedürfnisse, in einer Gruppe zu leben, vielmehr besitzen wir auch eine ganze Reihe von entsprechenden Fähigkeiten: Dazu gehört insbesondere unsere soziale Intelligenz. Es kommt hinzu, dass das Leben in einer Gruppe einen entscheidenden Anstoß zur Entwicklung unserer geistigen Fähigkeiten gegeben hat. Es fällt uns vergleichsweise leicht, uns in einer Gruppe zurechtzufinden und die Wünsche und Bedürfnisse unserer Mitmenschen zu erkennen. Zudem besitzen wir eine ganze Reihe spezifischer Fähigkeiten, die uns die Kooperation mit anderen erleichtern. Viele dieser Fähigkeiten wirken schon bei kleinen Kindern und sie wirken unbewusst – wir nehmen also gar nicht wirklich wahr, was alles erforderlich ist, damit wir uns erfolgreich in einer Gruppe bewegen können. Nicht weniger wichtig als das soziale Denken sind die sozialen Emotionen: Sie binden uns an einen einzelnen Partner, an unsere Kinder, aber auch an die Mitglieder unserer Gruppe. Letzteres geht bemerkenswert schnell, und es gehört nicht viel dazu: Man muss uns nur erzählen, jemand sei ein Mitglied unserer Gruppe, und schon sind wir bereit, ihn anderen gegenüber zu bevorzugen.

Damit deutet sich an, dass unsere sozialen Fähigkeiten auch

ihre Schattenseiten haben. Die sind in vielen sozialpsychologischen Experimenten erforscht worden. Es zeigte sich, dass enge Gruppenbeziehungen nicht nur Vorteile für die Mitglieder der jeweiligen Gruppe bieten. Vielmehr können sie auch zu Diskriminierung anderer Gruppen führen, vor allem aber vermögen sie ernsthafte Konflikte hervorzurufen. Und sie können die einzelnen Mitglieder zu fragwürdigen Entscheidungen und Verhaltensweisen verleiten, die diese jeweils für sich alleine niemals getroffen hätten.

Auf den ersten Blick sieht es so aus, als würden wir hier in einem Dilemma enden: Auf der einen Seite sind wir auf das Leben in einer Gruppe angewiesen, auf der anderen Seite handeln wir uns damit eine ganze Reihe von schwerwiegenden Problemen ein. Zusätzlich verschärft wird dieses Dilemma durch den Konflikt zwischen den Interessen der Gruppe und den individuellen Belangen: Wenn wir das Leben in einer Gruppe ernst nehmen wollen, müssen wir offenbar einen Teil unserer individuellen Interessen opfern, doch das fällt uns verteufelt schwer.

Dass es hier Spannungen und Konflikte gibt, ist nicht zu bestreiten. Ich habe jedoch versucht zu zeigen, dass diese sich weitgehend durch eine Haltung entschärfen lassen, die in einem ziemlich üblen Ruf steht: Den Egoismus beziehungsweise genauer den empathischen Egoismus. Empathische Egoisten treten für ihre eigenen Interessen ein, auch wenn sie im Konflikt mit den Interessen anderer stehen. Doch anders als einige zu Recht verpönte Vertreter dieser Haltung können empathische Egoisten gleichzeitig die Perspektive ihrer Mitmenschen einnehmen. Vor allem erkennen sie, dass die Interessen der Gemeinschaft letztlich auch ihre eigenen sind: Sie selbst sind auf ihre Mitmenschen genauso angewiesen wie umgekehrt diese auf sie.

Empathischer Egoismus ist aber nicht nur eine abstrakte Forderung, vielmehr sieht es so aus, als wären wir von Natur aus für diese Haltung prädestiniert – es fällt uns daher leicht, uns als empathische Egoisten zu verhalten. Eine ganze Reihe von Experimenten zeigt, dass Menschen oft in genau diesem Sinne handeln: Sie haben ihr eigenes Interesse im Blick, doch sie vergessen darüber nicht, dass dazu auch das Interesse an einer funktionierenden Gruppe gehört. Wenn es einer Gruppe gutgeht, sollte dies auch von Vorteil für die einzelnen Mitglieder sein. Umgekehrt ist schwer zu sehen, wie man eine Gemeinschaft begründen wollte, wenn sie nicht den individuellen Interessen ihrer Mitglieder gerecht wird.

Empathischer Egoismus ist keine Zauberformel, mit der plötzlich alle Konflikte von Individuum und Gesellschaft zu beseitigen wären. Und natürlich kann er die Bereitschaft zu Mitleid und Solidarität nicht ersetzen – Haltungen, die vor allem in Notsituationen unverzichtbar sind. Doch abgesehen davon, dass Gruppen offenbar ein gewisses Maß an Vielfalt und Individualität benötigen, würden wir in vielen Fällen unsere eigenen Interessen verletzen, wenn wir nicht im Sinne unserer Gruppe handelten.

Besonders wichtig ist dies in modernen, individualistischen Gesellschaften. Sie bieten ihren Mitgliedern umfassendere Freiheitsspielräume, verlangen ihnen gleichzeitig aber auch eine ungleich größere Anzahl von Entscheidungen ab. Getroffen werden können diese Entscheidungen nur auf der Basis eigener Interessen, Wünsche und Bedürfnisse, und zwar durchaus in Konkurrenz zu denen anderer. Egoismus gewinnt hier also noch weiter an Bedeutung. Gerecht werden kann er ihr nur, wenn er sich mit den Interessen der Gruppe vereinbaren lässt – so wie dies beim empathischen Egoismus der Fall ist, der weiß, dass die Interessen der Gruppe auch seine eigenen sind. Tatsächlich kommen unsere empathisch-egoistischen Verhaltensweisen dem Leben in einer Gruppe sozusagen von Natur aus entgegen, sie sind Teil unserer sozialen Fähigkeiten.

Dies ist kein Automatismus – immer wieder verlieren wir die Bedürfnisse der Gruppe und die unserer Mitmenschen aus dem Blick. Doch man kann Gruppen so gestalten, dass dies seltener passiert. Dazu ist es notwendig, dass die gesellschaftlichen Strukturen der Vereinbarkeit von Egoismus und Sozialität entgegenkommen, dass sie also Raum für die Entfaltung individueller Interessen und Fähigkeiten lassen und gleichzeitig die Bedingungen dafür schaffen, dass all dies der Gesellschaft insgesamt zugutekommt. Zu erreichen ist dies umso eher, je mehr wir über unsere sozialen Fähigkeiten, deren Grenzen und Bedingungen wissen. Genau hier helfen uns die oben dargestellten Experimente: Sie zeigen uns zum Beispiel, wie Entscheidungsprozesse strukturiert sein müssen, damit sie zu möglichst guten Ergebnissen führen, sie zeigen, wie das Bewusstsein für die Gruppe gestärkt werden kann, und sie lassen auch erkennen, wie man Konflikte zwischen Gruppen vermeiden kann oder wie es zu verhindern ist, dass Gruppen auf Abwege gelangen.

Entscheidend ist in jedem Falle, dass Egoisten und Gemeinschaft aufeinander angewiesen sind. Die Egoisten brauchen die Gemeinschaft, ohne die sie es kaum aushalten würden, aber auch die Gemeinschaft benötigt die Egoisten, die sie voranbringen und immer wieder herausfordern: Ohne Ich kein Wir.

Anmerkungen

1 Schopenhauer 1988, Bd. 3, S. 555 f.
2 Berns, et al. 2005.
3 Kobayashi und Kohshima 1997; 2001.
4 Tomasello, et al. 2007.
5 ibid.
6 Csibra und Gergely 2009, S. 149.
7 Caro und Hauser 1992, S. 156 f.
8 ibid., S. 158.
9 ibid., S. 161.
10 ibid., S. 163.
11 ibid., S. 166.
12 Csibra und Gergely 2009, S. 151.
13 Byrne und Corp 2004.
14 Pawlowski, et al. 1998.
15 Faria, et al. 2010.
16 ibid.
17 vgl. Norris und Schilt 1988.
18 Meltzoff und Moore 1983.
19 Meltzoff und Decety 2003.
20 ibid.
21 ibid., S. 495.
22 Chartrand, et al. 2005, S. 5.
23 vgl. Ibid., S. 5.

24 ibid.
25 ibid.
26 ibid., S. 15.
27 Meltzoff und Decety 2003.
28 vgl. ibid., S. 497.
29 Roseman, et al., 1994.
30 Ehlers, et al., 1988.
31 Fisher 2004, S. 79.
32 ibid., S. 82 f.
33 ibid., S. 82.
34 Esch und Stefano 2005; Panksepp, et al. 1985.
35 Fisher 2004; Aronson, et al. 2004.
36 ibid., S. 380 f.
37 Trommsdorff 1996.
38 Fisher 2004, S. 87.
39 Amini, et al. 1996.
40 ibid., S. 221.
41 Kosfeld, et al. 2005.
42 Vgl. Gruter 1986.
43 Gonsalkorale und Williams 2007.
44 ibid.
45 ibid.
46 ibid.
47 Vgl. Scheler 1973, S. 232 sqq.; Zahavi 2001; Gallagher 2001.
48 Zahavi 2001; Reddy 2008; Gallagher 2001.
49 Singer und Frith 2005.
50 Rizzolatti und Sinigaglia 2008, S. 182.
51 Singer, et al. 2006.
52 Rizzolatti und Sinigaglia 2008, S. 153.
53 Legerstee 1992.
54 Bahrick und Watson 1985.
55 Flom und Bahrick 2001.

56 Kozlowski und Cutting 1977.
57 Meltzoff und Moore 1983; Legerstee 1992.
58 Woodward 1998.
59 Moll und Meltzoff 2010.
60 ibid.
61 Rizzolatti und Sinigaglia 2008, S. 177.
62 Feinman 1982; Stenberg und Hagekull.
63 Tomasello, et al. 2005.
64 Moll und Meltzoff 2010.
65 Masangkay, et al. 1974.
66 Wimmer und Perner 1983.
67 Sherif 1988.
68 vgl. Brewer 1979.
69 Quelle: *Stuttgarter Nachrichten*, 19. 5. 2010.
70 Goldstein 2011.
71 vgl. Asch 1955.
72 Asch zitiert nach Aronson, et al. 2004, S. 283.
73 Berns, et al. 2005.
74 Aronson, et al. 2004, S. 307.
75 Milgram 1963.
76 ibid.
77 ibid.
78 Aronson, et al. 2004, S. 309.
79 Fiske, et al. 2010, S. 295.
80 Die genauen Angaben sind umstritten, da nur unvollständige Daten über die Preisentwicklung vorliegen. Eine besonders dramatische Darstellung findet sich bei Mackay 2008.
81 Vgl. Mackay 2008.
82 Surowiecki 2004, S. 178 ff.
83 vgl. Berg, et al. 2008.
84 Surowiecki 2004.

85 Hubbell 1965.

86 Vgl. Surowiecki 2004.

87 Kant 1902 ff., Bd. VIII, S. 20 f.

88 Pinker 2011.

89 Kurzban und Houser 2005; Fischbacher, et al. 2001.

90 Fehr und Gächter 2002.

91 Nach deutschem Recht ist ein Staatsanwalt allerdings verpflichtet, auch entlastende Gesichtspunkte zu berücksichtigen.

92 Beck und Beck 1994.

Literatur

Amini, F., T. Lewis, R. Lannon, A. Louie, G. Baumbacher, T. McGuiness und E. Zirker Schiff. 1996. »Affect, Attachment, Memory: Contributions Toward Psychobiologic Integration.« *Psychiatry* 59: S. 213–239.

Aronson, E., T. D. Wilson und R. M. Akert. 2004. *Sozialpsychologie*. 4. Aufl. München und Boston: Pearson.

Asch, S. E. 1955. »Opinions and social pressure.« *Scientific American* 193 (5): S. 31–35.

Bahrick, L. E. und J. S. Watson. 1985. »Detection of intermodal proprioceptive-visual contingency as a basis of self perception in infancy.« *Developmental Psychology* 21: S. 963–973.

Beck, U. 1997. »Was hält moderne, individualisierte Gesellschaften zusammen? Politische Freiheit als Sinnquelle der Moderne.« In: *Subjektorientierte Soziologie. Karl Martin Bolte zum siebzigsten Geburtstag.*, hrsg. v. G. G. Voß und H. J. Pongratz. Opladen: Leske u. Budrich, S. 223–242.

Beck, U. und E. Beck-Gernsheim. 1994. »Individualisierung in modernen Gesellschaften – Perspektiven und Kontroversen einer subjektorientierten Soziologie.« In: Beck, U. und E. Beck-Gernsheim, *Riskante Freiheiten*. Frankfurt: Suhrkamp S. 10–39.

Berg, J. E., F. D. Nelson und T. A. Rietz. 2008. »Prediction market accuracy in the long run.« *International Journal of Forecasting* 24 (2): S. 285–300.

Berns, G. S., J. Chappelow, C. F. Zink, G. Pagnoni, M. E. Martin-Kurski und J. Richards. 2005. »Neurobiological Correlates of Social Conformity and Independence During Mental Rotation.« *Biological Psychiatry* 58: S. 245–253.

Brewer, M. B. 1979. »In-Group Bias in the Minimal Intergroup Situation: A Cognitive-Motivational Analysis.« *Psychological Bulletin* 86 (2): S. 307–324.

Byrne, R. W. und N. Corp. 2004. »Neocortex Size Predicts Deception in Primates.« *Proceedings: Biological Sciences* 271: S. 1693–1699.

Caro, T. M. und M. D. Hauser. 1992. »Is there teaching in non-human animals.« *The Quarterly Review of Biology* 67 (2): S. 151–174.

Chartrand, T. L., W. Maddux und J. Lakin. 2005. »Beyond the perception-behavior link: The ubiquitous utility and motivational moderators of nonconscious mimicry.« In: *Unintended thought II: The new unconscious*, hrsg. v. R. Hassin, J. Uleman und J. A. Bargh. New York und Oxford: Oxford University Press.

Csibra, G. und G. Gergely. 2009. »Natural pedagogy.« *Trends Cogn Sci* 13 (4): S. 148–153.

Esch, T. und G. B. Stefano. 2005. »The Neurobiology of Love.« *Neuroendocrinology Letters* 26 (3): S. 175–192.

Faria, J. J., J. R. G. Dyer, R. O. Clément, I. D. Couzin, N. Holt, A. J. W. Ward, D. Waters und J. Krause. 2010. »A novel method for investigating the collective behaviour of fish: introducing ›Robofish‹.« *Behav Ecol Sociobiol* 64: S. 1211–1218.

Faria, J. J., J. R. G. Dyer, C. R. Tosh und J. Krause. 2010. »Leadership and social information use in human crowds.« *Animal Behaviour* 79: S. 895–901.

Fehr, E. und S. Gächter. 2002. »Altruistic punishment in humans.« *Nature* 415 (6868): S. 137–40.

Feinman, S. 1982. »Social Referencing in Infancy.« *Merrill-Palmer Quarterly-Journal of Developmental Psychology* 28 (4): S. 445–470.

Gallagher, S. 2001. »The practice of mind: Theory, simulation, or interaction?« *Journal of Consciousness Studies* 5–7: S. 83–108.

Goldstein, J. R. 2011. »A Secular Trend toward Earlier Male Sexual Maturity: Evidence from Shifting Ages of Male Young Adult Mortality.« *PLoS One* 6 (8): S. e14826.

Gonsalkorale, K. und K. D. Williams. 2007. »The KKK won't let me play: Ostracism even by a despised outgroup hurts.« *European Journal of Social Psychology* 37: S. 1176–1186.

Gruter, M. 1986. »Ostracism on trial: The limits of individual rights.« *Ethology and Sociobiology* 7 (3–4): S. 271–279.

Hubbell, C. H. 1965. »An Input-Output Approach to Clique Identification.« *Sociometry* 28 (4): S. 377–399.

Kant, I. (1902 ff.). *Gesammelte Schriften. Hrsg. v. d. Königlichen Preußischen Akademie der Wissenschaften* (Akademie Ausgabe). Berlin.

Kobayashi, H. und S. Kohshima. 1997. »Unique morphology of the human eye.« *Nature* 387 (6635): S. 767–8.

Kobayashi, H. und S. Koshima. 2001. »Unique morphology of the human eye and its adaptive meaning: comparative studies on external morphology of the primate eye.« *J Hum Evol* 40 (5): S. 419–35.

Kosfeld, M., M. Heinrichs, P. J. Zak, U. Fischbacher und E. Fehr. 2005. »Oxytocin Increases Trust in Humans.« *Nature* 435 (2): S. 673–676.

Kozlowski, L. T. und J. E. Cutting. 1977. »Recognizing the Sex of a Walker from a Dynamic Point-Light Display.« *Perception and Psychophysics* 21 (6): S. 575–580.

Legerstee, M. 1992. »A Review of the Animate-Inanimate Distinction in Infancy: Implications for Models of Social and Cognitive Knowing.« *Early Development and Parenting* 1: S. 59–67.

Mackay. 2008. *Extraordinary popular delusions and the madness of crowds*: Seven Treasures Publications.

Masangkay, Z. S., K. A. McCluskey, C. W. McIntyre, J. Sims-Knight, B. E. Vaughn und J. H. Flavell. 1974. »The Early Development of Inferences about the Visual Percepts of Others.« *Child Development* 45 (2): S. 357–366.

Meltzoff, A. und M. Moore. 1983. »The origins of imitation in infancy: Paradigms, phenomena, and theories.« In: *Advances in infancy research,* hrsg. v. L. P. Lipsitt und C. K. Rovee-Collier. Norwood, S. 265–301.

Meltzoff, A. N. und J. Decety. 2003. »What imitation tells us about social cognition: a rapprochement between developmental psychology and cognitive neuroscience.« *Philosophical transactions of the Royal Society of London Series B, Biological sciences* 358 (1431): S. 491–500.

Milgram, S. 1963. »Behavioral Study of Obedience.« *J Abnorm Psychol* 67: S. 371–378.

Moll, H. und A. Meltzoff. 2010. »Perspective-taking and its foundation in joint attention.« In: *Perception, causation, and objectivity. Issues in Philosophy and Psychology,* hrsg. v. J. Roessler. Oxford: Oxford University Press.

Norris, K. S. und C. R. Schilt. 1988. »Cooperative societies in three-dimensional space: On the origins of aggregations, flocks, and schools, with special reference to dolphins and fish.« *Ethology and Sociobiology* 9 (2–4): S. 149–179.

Panksepp, J., S. M. Siviy und L. A. Normansell. 1985. »Brain Opioids and Social Emotions.« In: *The Psychobiology of Attachment and Separation,* hrsg. v. M. Reite und T. Field. Orlando San Diego: Academic Press, S. 3–49.

Pawlowski, B., C. B. Lowen und R. I. M. Dunbar. 1998. »Neocortex Size, Social Skills and Mating Success in Primates.« *Behaviour* 135: S. 357–368.

Pinker, S. 2011. *The Better Angels of Our Nature: Why Violence has Declined.* New York: Viking.

Reddy, V. 2008. *How Infants Know About Minds*. Cambridge, MA: Harvard University Press.

Rizzolatti, G. und C. Sinigaglia. 2008. *Empathie und Spiegelneurone. Die biologische Basis des Mitgefühls*. Frankfurt: Suhrkamp.

Scheler, M. 1973. *Wesen und Formen der Sympathie. Die deutsche Philosophie der Gegenwart*. Hrsg. v. M. S. Frings. Bd. 7, *Scheler, Gesammelte Werke*. Bern und München: Francke.

Schopenhauer, A. 1988. *Werke in fünf Bänden. Nach den Ausgaben letzter Hand herausgegeben von Ludger Lütkehaus*. Zürich: Haffmans Verlag.

Sherif, M. 1988. *The Robbers Cave experiment: Intergroup Conflict and Cooperation*. übs. Middletown, Conn.

Singer, T. 2006. »The neuronal basis and ontogeny of empathy and mind reading: review of literature an implichtions for future research.« Neurosci Biobehav Rev 30 (6): S. 855–863.

Singer, T. und C. Frith. 2005. »The painful side of empathy.« Nat Neurosci 8 (7): S. 845–846.

Stenberg, G. und B. Hagekull. »Social referencing and mood modification in 1-year-olds.« *Infant Behavior and Development* 20 (2): S. 209–217.

Surowiecki, J. 2004. *The wisdom of crowds : why the many are smarter than the few and how collective wisdom shapes business, economies, societies, and nations*. New York: Doubleday.

Tomasello, M., M. Carpenter, J. Call, T. Behne und H. Moll. 2005. »Understanding and sharing intentions: The origins of cultural cognition.« *The Behavioral and Brain Sciences* 28: S. 675–735.

Tomasello, M., B. Hare, H. Lehmann und J. Call. 2007. »Reliance on head versus eyes in the gaze following of great apes and human infants: the cooperative eye hypothesis.« *J Hum Evol* 52 (3): S. 314–320.

Trommsdorff, G. 1996. »Erleben von Handlungsfreiheit und Restriktionen.« In: *Freiheit des Entscheidens und Handelns. Ein Pro-*

blem der nomologischen Psychologie, hrsg. v. M. v. Cranach und K. Foppa. Heidelberg: Asanger, S. 302–328.

Wimmer, H. und J. Perner. 1983. »Beliefs about Beliefs. Representation and Constraining Function of Wrong Beliefs in Young Children's Understanding of Deception.« *Cognition* 13: S. 103–128.

Woodward, A. L. 1998. »Infants selectively encode the goal object of an actor's reach.« *Cognition* 69 (1): S. 1–34.

Zahavi, D. 2001. »Beyond Empathy. Phenomenological Approaches to Intersubjectivity.« *Journal of Consciousness Studies* 8 (5–7): S. 151–167.

Terry Eagleton

Warum Marx recht hat

Aus dem Englischen von Hainer Kober
288 Seiten. Gebunden mit Schutzumschlag
ISBN 978-3-550-08856-6
www.ullstein-verlag.de

Der Kommunismus ist tot, der Kapitalismus ist krank – es lebe Karl Marx!

Mitten in der schwersten Krise des Kapitalismus bricht der katholische Marxist Terry Eagleton eine Lanze für Karl Marx. Streitbar, originell und mit britischem Humor widerlegt er zentrale Argumente gegen den Marxismus wie »Wir leben doch längst in einer klassenlosen Gesellschaft« oder »Der Marxismus beraubt die Menschen ihrer Freiheit«. Eagleton macht klar: Karl Marx ist heute aktueller denn je.

»Unwiderstehlich.« *The Scotsman*
»Ein amüsantes, ein streitbares Buch.« *Die Zeit*

ullstein